唐蘭 著

中國文字學

圖書在版編目(CIP)數據

中國文字學 / 唐蘭著. —上海：上海古籍出版社，
2023.5
（唐蘭文字學兩種）
ISBN 978-7-5732-0574-2

Ⅰ.①中… Ⅱ.①唐… Ⅲ.①漢字－文字學 Ⅳ.
①H12

中國國家版本館 CIP 數據核字(2023)第 012276 號

唐蘭文字學兩種

中國文字學

唐 蘭 著

上海古籍出版社出版發行

（上海市閔行區號景路 159 弄 1-5 號 A 座 5F 郵政編碼 201101）

(1) 網址：www.guji.com.cn

(2) E-mail：guji1@guji.com.cn

(3) 易文網網址：www.ewen.co

山東韵傑文化科技有限公司印刷

開本 890×1240 1/32 印張 6.875 插頁 5 字數 138,000

2023 年 5 月第 1 版 2023 年 5 月第 1 次印刷

印數：1—3,100

ISBN 978-7-5732-0574-2

H·258 定價：45.00 元

如有質量問題,請與承印公司聯繫

出 版 説 明

　　《中國文字學》是著名古文字學家唐蘭先生的名作，爲現代中國文字學的研究奠定了基礎。該書 1949 年 3 月由上海開明書店首次出版發行，其後在香港、臺灣兩地多次印行，流傳甚廣，影響很大。1979 年 1 月，唐蘭先生逝世，爲表彰和傳揚先生的學術貢獻，本社曾於同年 9 月出版了排印本《中國文字學》，先後多次重印。2001 年，請傅根清先生導讀，簡體橫排收入《蓬萊閣叢書》；2005 年，又收入《世紀人文系列叢書》。2015 年，復改繁體豎排，並校正了若干排印錯誤，收入《唐蘭全集》，進一步擴大了此書的讀者群。

　　鑒於市場持續的需求，本社決定以繁體橫排的形式單獨發行此書，以饗讀者。

目　　録

前

論

一　中國文字學是什麼

中國人對文字的研究，遠在紀元前幾個世紀已經開始，現在所知道的最早的字書應該是《爾雅》和《史籀篇》。此外，在《左傳》《周禮》等書裏，已經有討論文字的風氣了。後來，爲了戰國時各地文字的雜亂，有些學者曾提出過"書同文"的理想，到了秦始皇帝二十八年（紀元前二一九年）在琅邪臺刻石時，叙說"皇帝之功"，就有一條是"同書文字"，這一個學者們的理想，總算是達到了。那時，李斯作《倉頡篇》，趙高作《爰曆篇》，胡母敬作《博學篇》，和這種整齊文字的運動當然是有關的。到了漢代，由於研究《倉頡篇》，便發生了所謂"小學"，劉歆《七略》把小學放在《六藝略》裏面，一直到近代，研究小學和研究經學的地位，幾乎是相等的。

把文字學叫做"小學"，這個名稱是西漢人定的。據《禮記·內則》說："六年教之數與方名，……九年教之數日，十年出就外傅，居宿於外，學書計。"可見古代入小學是兼學書數兩科的，單把文字叫做"小學"，實在不很恰當。但是，我們知道古代沒有"文字"的名稱，孔子說："必也正名乎?"本可叫做"名"，《左傳》說："於文止戈爲武。"也只叫做"文"，一直到琅邪刻石纔發現了"文字"二字，鄭康成說過"古曰名，今曰字"，可見用"字"來代表"文"或"名"的意義是晚起的。漢朝人既怕叫做"名"和公孫龍之徒的"名家"混淆，又不能叫做"文學"和司馬相如等辭賦家合在一起，又不願意就用晚起的字而叫做"字學"，所以就想出了"小學"，這樣一個似是而非的名稱。

《漢書》說："張敞好古文字。"又說杜林："其正文字，過於鄰、辣。故世言小學者由杜公。"顏師古《漢書注》對於張吉尤長小學的注解，就說"小學謂文字之學也"。唐、宋以後人，也常常說到"字學"，但"文字學"的名稱，却不經見，一直到清末，章太炎等纔把"小學"叫做"文字學"。

二　文字學的特點和它同語言學的差別

文字學是研究文字的科學，在一個中國人看來，這個名詞是很恰當的。但由西方輸入的科學名詞，還没有一個可以配合的名稱。普通所謂 Philology，本是研究希臘拉丁古語的學科，我們只能把它譯做語言學，或者更確切一些，是古語言學。Etymology 是語源學，Palæography 是古文字學，Hieroglyph 是象形文字學，没有一個字，能相當於中國的文字學。

因爲中國的文字是特殊的，在一切進化的民族都用拼音文字的時期，她却獨自應用一種本來含有義符的注音文字。在最古的時候，中國文字本也是圖畫文字，但至遲在三千五百年前，已改成了注音文字，而這種文字一直到現在還活着，被全中國的人民，以及她鄰近的地方使用着。我們既不能把它們和埃及、巴比倫等已經久已死亡的古文字一例看承，又不能把只有二十多個字母拼音的西方文字來比類，所以，這一種西方人所不能理解的特殊的學科，我們只有把它叫做"中國文字學"（The Science of Chinese Characters）。

口上說的語言，筆下寫的文字，兩者顯然是不同的。因爲西方人的語言和文字差不多一致，研究語言也就研究了文字，所謂古語言學或古文字學，有些人甚至於想把它叫做文獻學，所以，只有語言學（Science of Language）特別容易發展。反之，中國文字是注音的，語言和文字在很古的時期就已經不一致，從文字上幾乎看不到真實的語言，所以，在中國，幾乎可以說沒有語言學。但是，中國人把文字統一了古今的殊語，也統一了東南西北無數的分歧的語言，所以，從紀元以前就有了文字學，而且一直在發展。西方的語言學，中國的文字學，是兩個不同的學科，充分表現出兩種傾向不同的文字裏所造成的極明顯的差別。

有些學者把 Philology 叫做語言文字學或語文學，這是很錯誤的。文字學固然不能包括語言學，同樣，語言學也不能包括文字學。在文字學裏，不能研究到"果臝"的語源，"殷"讀爲"衣"的失去韵尾 n 一類問題；但在語言學裏也不能研究到從二的字古都從一，"卪"字本象人跽形一類的問題。每一種科學總應該有明晰的範圍，真正的語言學是在十九世紀建立的，中國的語言學剛在開始，我們相信它會有很大的發展，但千萬不要以爲這一套新興的科學是萬能的，忘記了中國文字的特殊情形，把語言和文字的界限混淆了，而抹殺中國兩千年來固有的文字學。

三　中國文字學的範圍

每一個文字具有三個部分：一、字形；二、字義；三、字音。在漢代，小學剛剛發展的時候，分別還不很顯著，後來，每個部分都逐漸擴大，所以，宋末王應麟《玉海》已經分成三種：一、體制；二、訓詁；三、音韵。到清朝的《四庫全書》，就把小學書分成訓詁、字書、韵書三類。清末以來的文字學，也總包括形、音、義三方面。

但是，形和義是比較不易分的，聲音部分，由於漢末的反語，魏晉的韵書，齊梁的四聲，唐末的四等，元明以後的今韵學，和宋人創始而清代學者研究頗有成績的古韵學，這些時常不斷的發展，早已成爲一種獨立的，專門的學科。因之，民國六年時，北京大學的文字學，分由兩位學者擔任，朱宗萊做了一本講義，叫《文字學形義篇》，錢玄同做的是《文字學音篇》。後來，許多學者常采用這個方法，只講形義，避免了不太内行的音韵。漸漸音韵學獨立了，不再挂文字學的招牌，於是，只講文字學形義篇，就變成了瘸子了。

我在民國二十三年寫《古文字學導論》，纔把文字學的範圍重新規定。我的文字學研究的對象，只限於形體，我不但不想把音韵學找回來，實際上，還得把訓詁學送出去。

我的分類法，單從目錄學說，已是很合理的。過去小學書的名稱，凡是用"文"或"字"或"文字"並用，大抵總是字書。我曾經把三類小學書的經典的名稱，做過一個有趣的分類。例如：

  一 許慎《說"文"解字》
  二 呂忱《"字"林》

這是文字形體學裏最早的兩本書，我們可以把它叫做"《說文》《字林》之學"，當然也可以摘取兩個字叫做"文字學"。

  三 《爾"雅"》
  四 《"倉"頡篇》

這是文字意義學裏面最早的兩本書，我們可以依照六朝人的簡稱，叫做"《倉》、《雅》學"。

  五 李登《"聲"類》
  六 呂靜《"韵"集》

這是文字音韵學裏最早的兩本書，我們可以把它叫做"聲韵學"。

  由此，我們可以知道文字學本來就是字形學，不應該包括訓詁和聲韵。一個字的音和義雖然和字形有關係，但在本質上，它們是屬於語言的。嚴格說起來，字義是語義的一部分，字音是語音的一部分，語義和語音是應該屬於語言學的。

四　中國文字學的新領域

　　文字學把訓詁，音韵兩部分除去以後，一般人總以爲它的範圍要縮小了，實際上並不如此。過去有些文字學裏雖然還附有音篇，有些早就只論形義，不講音韵。至於義篇，因爲沒有現成的理論系統，一無憑藉，大抵寥寥幾章，只是形篇的附庸（容庚把六書當做義篇是錯誤的）可有可無。所以，民國以來，所謂文字學，名義上雖兼包形、音、義三部分，其實早就只有形體是主要部分了。

　　這些文字學形篇都講些什麼呢？它們大體上可以分做兩部分，一部分注重構成的理論，把宋以來的六書說演述一下，從《說文》篆文裏找一些例證，像朱宗萊那樣把六書分成十九類的說法，在那時很流行。另一部分只注意字體的變遷，容庚用甲骨金文等實物來對照一下字體，也頗有人效法，因爲這是比較容易討好的。（沈兼士先生的《文字形義學》，上篇除了《文字之起原及其形式和作用》一篇外，都是文字形義學之沿革，那是文字學史的範圍，寫了一百四五十葉，還只到了戴侗。下篇據目錄有一、造字論；二、以鐘鼎甲骨爲中心的造字說；三、訓詁論；四、國語及方言學；五、文字形義學上之中國古代社會進化觀；六、字體論等，可是沒有寫出來。）

　　這樣的文字學，先天上已經够貧弱的了。因爲它們的理論根據，只有六書，而六書說的條例，建立在西漢末年以後，那時所見的材料，只是殘缺的《史籀篇》，傳寫的古文經，和有些人改寫做隸書的三千三百個小篆的《倉頡篇》。材料既少，時代又晚，所得的結論，當然很靠不住。但是，兩千年以後的學者，還只根據本身問題很多的《說文》裏所保留的一些材料，怎麼能有進步呢？

另外一方面，宋以後出土的古器物很多，有許多人曾經去研究款識文字，雖則那些研究的方法，大都是非科學的，但材料的豐富，是僅僅研究《說文》的人所想不到的。尤其到了清代末年，匋器，古鉨，貨布等都有大量的發現，所以古文字學裏一部重要著作，吳大澂的《說文古籀補》出現了。接着又發現了殷虛的甲骨卜辭，這是一個無盡的寶藏，近代最卓越的古文字學家孫詒讓已能見到這一部分的材料，孫氏所著《名原》，想根據這類新出材料來闡明文字構成的理論，雖還不能完全脫離六書的韁鎖，他的見解往往是正確的。可惜自他以後，就沒有人再注意到這一方面。羅振玉、王國維只能算是文獻學家，他們的學問是多方面的，偶然也研究古文字，很有成績，但並沒有系統。容庚、商承祚等在古文字上的成績，是蒐集、整理、排比、摹寫，更說不到理論和系統，此外，更自鄶以下了。

《古文字學導論》開始溝通了這兩方面的隔閡，在奄奄無生氣的文字學裏攝取了比《史籀篇》早上一千年的殷虛文字，以及比古文經、《倉頡篇》多出了無數倍的兩周文字，六國文字，秦、漢文字，從這麼多而重要的材料裏所呈露出來的事實，使我修正了傳統的說法，建立了新的文字構成論，奠定了新的文字學的基礎。在另一方面，也儘量使古文字的研究，脫離了猜謎射覆的途徑，走上了科學的道路。

三十年前，我的同鄉老儒金蓉鏡先生寫信給我批評孫詒讓"祧許慎而祖倉頡"，在老先生的眼光裏，這就是不可恕的罪狀。在那時，我也還是忠實的守家法的漢學家，治經宗鄭玄，小學宗許慎。但到現在，我也走孫詒讓的舊路，不過我們只拿歷史材料做根據，一切舊的偶像全摧毀了。在打不破《說文》系統，跳不出六書牢籠的學者看來，誠然是大膽妄爲，離經畔道，但在我們看來，只有這樣，文字學纔有新的生命，新的出路，也只有這樣，纔可以成爲一種真正的科學。

此外，近代文字的研究，也是很重要的。隸書、草書、楷書，都有人做過蒐集的工作。楷書的問題最多，別字問題，唐人所釐定的字樣，唐以後的簡體字，刻板流行以後的印刷體，都屬於近代文字學的範圍。西陲所出木簡殘牘，燉煌石室所出古寫本經籍文書，也都是極重要的材料。

從明代的華化西洋人創造了中國語的拼音字，以至現代的國語羅馬字，拉丁化新文字，這種想推翻中國舊文字的運動，也是值得討論的。中國新文字究竟應該用拼音呢？用注音呢？正是文字學上最大的問題。

現在，我們把久已獨立的音韻學謝絕了，也把應該獨立而還沒有找到出路的訓詁學放開了（二十年來，卓越的訓詁學家，我所知道的，只有沈兼士一人，這一科是太冷寂了。本書初執筆時，沈先生尚健在，忽然傷逝，執筆泫然），剩下只講形體的文字學，但是它的範圍，非但沒有縮小，倒更充實，更擴大了。

五　中國文字和世界各區域的文字

我們如望遠處看，中國文字學應該是整個文字學裏的一部分，正和中國語言學是整個語言學的一部分是一樣的。

誰都知道，世界最古的文字有三種，一、蘇馬利亞人和巴比倫人的楔形文字；二、埃及的圖畫文字；三、中國文字。有些人企圖把這些文字說成一源，這是可笑的荒謬。但他們都由圖畫演進爲文字，有許多地方總是相類的，我們可以由之得到文字進化上若干共同的原則。

有些人把文字進化分做四個階段，一、圖畫字；二、義符字；三、聲符字；四、字母。他們以爲中國人跟埃及人、蘇馬利亞人、巴比倫人一樣，只改良到第三個階段就停止了。他們說中國人沒有用字母，所以在原始時期上停留了二千年，文字的繁難，形成了中國文化進步的阻礙。

這種錯誤的觀察者，他們不知道文化不會停留在那一點上的。遠在紀元以前，中國人就懂得合音，後來發明反語，把聲和韵分開，這種發明，將有一千八百年。在這時期內，中國曾經有過璀璨的文化，使她的鄰邦高麗、日本、安南等都采用了她的文字。可見中國文字足够適應那時的需要，它能一直應用到現在，一定有它本身的價值。

指摘中國文字的人，同時也往往指摘中國語言，像：單音節、沒有語尾、沒有形式變化等，認爲是低級的語言，可是現在的語言學家大都已不這樣想了。中國文字變爲注音文字，而不變爲拼音文字，顯然和她的語言有關。一個字既然是一個音節，有一千多個聲音符號（其中大部分就是意義符號），就可以把這個民族的語言通統寫出來，又何須另外一套拼音的方式呢？

但是當鄰邦采用中國文字的時候，和她本國的語言就不能適應了。日本人借用漢字來表音，例如"弦"字，《和名類聚抄》說"此間云由美波利"，狩谷望之引《持統記》作"由八利"，不論"由美波利"或"由八利"，總是日本古代語裏代表"弦"的意義的語音，這和中國人翻譯匈奴或西域的語言時所謂"撐犂孤涂"或"蒲萄"之類是一樣的。可是日本語音本來簡單，所以借用漢字，就有許多是習用的，後來受了梵文的影響，把漢字歸納成片假名、平假名，就只有最簡單的四十七個音符，成爲一個新系統了。

腓尼基人的創造字母，顯然也是借用別的民族（有人說是埃及）的文字來適應他們自己的語言。據說他們善於經營商業，所以能歸納出這樣一個簡單的系統。因爲埃及人和屬於閃族的腓尼基人的語言，都是輔音占優勢，元音有些不定，並且好像黏屬於輔音，所以他們的文字，往往只把輔音寫出來。他們的語言，既是多音節的，又是複輔音的。複輔音的字，最容易分析，譬如英語的 Script 顯然可以分成五個單位，假如把元音疏忽了，那就是五個字母。所以這種歸納出來的字母，本來就沒有元音，到希臘人再借用這個系統來寫她的語言時，把用不着的輔音字，改爲元音字母，纔成爲包含元音輔音的一套字母。

中國人對語音的感覺，是元音占優勢，輔音比較疏忽，和含、閃語系正相反。一個中國字的聲音，由中國人的說法，是聲和韵的結合，聲是輔音，可是有時帶着介音，韵是元音後面帶一個韵尾輔音。中國語的韵尾輔音，大體很微弱，只是一種聲勢，所以逐漸在消失。（有些字沒有韵尾，但據學者們的推測，也是原來有尾而後來消失的。）聲韵雖然並列，韵的部分總占優勢。我們可以看見：一、形聲系統裏，韵母大體相同，而聲母不大固定。（如"同"從"凡"聲，"唐"從"庚"聲，"絲"字在金文可讀做"鑾"，也可讀做"蠻"之類。）二、許多聲母也常會消失到只剩元音，和韵尾輔音一樣。中國文字既然一個字代表一個音節，而這種音節以元音爲中心，輔音黏附在元音的前後，似乎是不可分的，那就無怪遠在三世紀時最大發明的反語，只能分析聲韵，而沒有清晰的字母了。

中國文字沒有發展爲拼音的，而只是注音的，在學習時雖然不如拼音的方便，但是它能代表古今南北無數的語言，這是拼音文字所做不到的。中國文字不僅是由古代圖畫文字變成近代文字的唯一的僅存的重要材料，也是在拼音文字外另一種有價值的文字，是研究文字學的人所應當特別注意的。

世界上舊有的及現在還存在的文字，種類很多。其中有些是和中國文字有親族關係的。中國西部有儸儸、麼些等文字，史禄國教授曾給我看過太平洋裏一個島嶼上的銘誌文字，有些字（如"宫"字）的寫法，和中國古代完全相同。至於契丹、女真、西夏等文字，和漢字的關係，更是大家都知道的。

現在，各種文字，幾乎都有專家在做研究，還沒有人作綜合比較的工作，但我相信將來總可以發展成爲文字學，一門新興的科學。有二千多年歷史的中國文字學，在這種研究中是應該占最重要地位的。

六　中國文字學史略

中國人研究文字，據現在所知，是周朝開始的。《爾雅》據説是周公做的，所記草木鳥獸蟲魚的名稱，很多是新造的形聲字，倒很像是西周前期的，釋詁、釋言、釋訓等篇，就一定是秦、漢間人所增加的了。《史籀篇》舊説是周宣王時太史籀，王國維以爲周、秦間的西土文字，現存的"商鞅量"在秦孝公時，跟小篆很接近，《説文》所引的籀文則和春秋時銅器和石鼓文較接近，我把石鼓定在秦靈公三年（紀元前四二二），較"商鞅量"早七八十年，《史籀篇》的成書，最晚也得在戰國初期。

《左傳》裏有三處解釋文字："止戈爲武""反正爲乏""皿蟲爲蠱"，假使這些記載是可靠的話，春秋時已有這種風氣了。六國時人對於文字是很注意的，《周易》的象傳等，有許多解釋，是訓詁學的藍本。《周禮·保氏》有六書的名目，《韓非·五蠹》説：

倉頡之作書也，自環者謂之私，背私謂之公。

倉頡作書的傳説，那時正在流行，這都是文字學最初的雛形。六國時文字雜亂太甚，也就産生了"書同文"的理想。

秦始皇統一了天下，也統一了文字，李斯作《倉頡篇》，趙高作《爰曆篇》，胡母敬作《博學篇》，顯然要用此宣傳小篆，作字體的範本。漢初人把三篇併合了，仍舊叫做《倉頡篇》，摹仿這一類字書的有《凡將篇》《元尚篇》《急就篇》《訓纂篇》等，只有《急就篇》，一直到現在還保存着。

這種字書都是爲小孩子諷讀而編的，所以叫做小學。西漢時爲小學召集過兩次大會，一次是宣帝時徵齊人來正《倉頡篇》的俗讀，張敞從他們學了，傳到杜林，做了《倉頡故》和《倉頡訓纂》，漢人認爲他是小學的創始者。第二次是平帝時徵爰禮等百餘人説文字未央廷中，以禮爲小學元士，揚雄采作《訓纂篇》。此外，揚雄還注過《方言》十三篇，是近於《爾雅》，而又注明各地方不同的語言的一部字書。

這時候，最重要的一件事，是古文經的重新發現。古文經的來源，有兩類：一類是傳世的古書，如：《周易》《毛詩》《左氏傳》等，一類是孔子宅壁中拆出來的舊本，如：《古文尚書》《禮古經》《古文論語》等。流傳到劉向父子校中秘書，纔發現它們的可貴。劉歆因而創立他的古文經學。從文字形體來看，這都是六國晚年的抄本，而且往往是重抄的，所以免不了有錯誤。杜林據説寶藏過一卷漆書《古文尚書》，他的弟子衛宏曾做過一本詔定《古文官書》，是辨別古今字體的書。

那時的今文經學家喜歡解釋文字，不過都很可笑，如"馬頭人爲長""人持十爲斗""士力于乙者爲地""八推十爲木"之類，在《春秋》緯裏所存最多，都是根據已經變爲簡易的通行的隸書來説的。他們甚至於以爲秦朝的隸書就是倉頡所造的，他們以爲文字是"父子相傳"，不應當有改易，所以他們不相信古文字，當然更不相信古文經。

古文經學家建立了一個文字學系統，就是"六書"，在《周禮》裏本來只是一個總名，現在給分別出來了。六書有三種説法，最初見於《漢書·藝文志》，那顯然是抄襲劉歆的《七略》的。又見於鄭衆《周禮注》和許慎《説文解字叙》，鄭、許都是劉歆的再傳或再再傳的弟子，所以可以認爲劉歆一家之學。不過，我很懷疑，這説法未必是劉歆獨創的。秦、漢之際有一本書叫"《八體六技》"，八體固然是秦書八體，六技決不是王莽時的六書，分析古文奇字等名稱的六書，而應是象事象形的六書。六技或許是六文之誤，六朝人常説到"八體六文"，六文就是六書。劉歆的説法，可能是抄這本書的。

根據古文經，《史籀篇》《倉頡篇》，以及別的古書裏的材料，和"六書"系統，許慎寫成中國文字學裏惟一的經典：《説文解字》。他的主要動機是要澄清那時一班俗儒鄙夫的謬説，雖則他生在那個環境裏，未能免俗，像"一貫三爲王""推十合一爲士""甲象人頭""乙象人頸"，説字的方法，比之那班今文經學家是不相上下的。他認爲文字是有條例的，先有"文"，"文"是"象形""指事"，原始的文字。而"字"是由孳乳而産生的"會意""形聲"等新文字。他用五百四十部來貫串一萬多個文字，用篆書爲主體來解釋文字，因爲他想這樣可以得到造字時的本義。

"五經無雙許叔重"是賈逵的弟子，當時就負盛名，馬融很敬重他。他的書據後序是和帝永元十二年（西元一〇〇）寫成的，到安帝建光元年（西元一二一）纔獻上，不到一百年，他的書就流行了，鄭玄注《周禮》《禮記》，應劭作《風俗通》，都引用過，連雄才大略的曹操下的命令裏也引用過《説文》。

《説文》由目前看來，錯誤很多，但是它曾支配了中國文字學一千八百年。北齊顔之推説：

> 客有難主人曰："今之經典，子皆謂非，《説文》所言，子皆云是，然則許慎勝孔子乎？"主人撫掌大笑應之曰："今之經典，皆孔子手迹耶？"客曰："今之《説文》，皆許慎手迹乎？"答曰："許慎檢以六文，貫以部分，使不得誤，誤則覺之。孔子存其義而不論其文也。……大抵服其爲書隱括有條例，剖析窮根源，鄭玄注書，往往引其爲證，若不信其説，則冥冥不知，一點一畫，有何意焉。"
>
> ——《顔氏家訓·書證篇》

清儒段玉裁説：

> 自有《説文》以来，世世不廢，而不融會其全
> 書者僅同耳食，强爲注解者，往往眯目而道白黑。
> 其他《字林》、《字苑》、《字統》，今皆不傳，《玉篇》
> 雖在，亦非原書，要之，無此等書無妨也，無《説
> 文解字》，則倉、籀造字之精意，周、孔傳經之大
> 恉，蓲緼不傳於終古矣。　　——《説文注》

這種稱譽也不算太過分。這本書無論如何是研究古代文字的
一個鑰匙，即使在將來文字學上，也還是有重要價值的。

從後漢到晋是小學最發展的時期。接着《倉頡篇》《訓纂
篇》，後漢賈魴作《滂喜篇》，晋人合稱《三倉》。樊光、李
巡、犍爲舍人、孫炎等都有《爾雅注》。魏張揖作《埤倉》和
《廣雅》，晋郭璞作《方言注》《三倉注》《爾雅注》，這是
"《倉》《雅》學"的極盛時期，後來就衰落了。

聲韵學起得最遲，漢末劉熙作《釋名》，是聲訓的第一本
書，後來有韋昭的《辨釋名》。魏孫炎作《爾雅音義》，開始
采用反語（即反切），這是中國語言學裏最大的發明。接着李
登作《聲類》，是第一本韵書，晋呂静作《韵集》，後世的韵
書，是從《韵集》的系統來的。

文字學以許慎《説文》和晋呂忱的《字林》合稱，《字
林》已亡佚，據《封氏聞見記》，《字林》也是五百四十部，
可是字數多了。據《説文序》，連重文有一萬零五百十六字，
《字林》却有了一萬二千八百二十四字。據《魏書·江式傳》
說："文得正隸，不差篆意"，可見《字林》是用隸書寫的。

唐時人《説文》和《字林》總是同時習的，所以現在《説文》裏，常有《字林》混在裏面。

俗文字在文字學史上應該有重要的地位，但過去沒有人注意過，這是重古輕今的毛病。顏之推説：

> 《通俗文》，世間題云："河南服虔字子慎造"。虔既是漢人，其書乃引蘇林、張揖，蘇、張皆是魏人。且鄭玄以前，全不解反語，《通俗》反音甚爲近俗。阮孝緒又云：李虔所造，河北此書，家藏一本，遂無作李虔者。晋《中經簿》及《七志》並無其目，竟不得知誰制。然其文義允愜，實是高才。殷仲堪《常用字訓》亦引服虔《俗説》，今復無此書，未知即是《通俗文》，爲當有異。近代或更有服虔乎？不能明也。
> ——《顏氏家訓·書證篇》

學者文人所注意的是《倉》、《雅》之學，這些從經史百家裏搜集來的文字，大都是漢以前古字的詁訓，不能代表近世新興的語言。漢以後，基於事實的需要，許多人就去蒐集代表新語言的文字，《通俗文》是這一類書裏最早發現的。據顏氏的推論，當然不是服虔做的，可是殷仲堪既引過服虔《俗説》，可見這種字書在殷氏前（西元四〇〇年以前）已經出現了。顏氏説："文義允愜，實是高才。"又説："河北此書，家藏一本。"可以看出這本書的精善和流行的廣遠。後來如王義《小學篇》、葛洪《要用字苑》、何承天《纂文》、阮孝緒《文字集略》，一直到燉煌所出唐人著的《俗務要名林》、《碎金》之類，都屬於這個系統，可惜不受人重視，所以大部分材料都已散失湮滅了。

六朝是文字學衰頹，也是文字混亂的時期。北方在後魏時有陽承慶《字統》二十卷，一萬三千七百三十四字，大概是解釋字形的。南朝在陳時有顧野王的《玉篇》三十卷，一萬六千九百一十七字，雖則依傍《說文》的系統，却集録《倉》、《雅》派的訓詁，這是最早的一部字典，也是最好的一部。可惜現在所傳是孫强增加字本，又是略出本，注文大部删去，日本所存原本，不過十分之一二。隋諸葛穎有《桂苑珠叢》一百卷，周武后時有《字海》一百卷，或許是《玉篇》的一系。

聲韵學在六朝時不斷地發展，到隋朝陸法言作《切韵》，成爲這一派韵書的經典，和文字學早就分家了。唐人因六朝文字混亂，又有一種整齊畫一的運動，這是字樣之學。顏師古作《字樣》，杜延業作《羣書新定字樣》，顏元孫作《干禄字書》，歐陽融作《經典分毫正字》，唐玄宗開元二十三年（西元七三五）作《開元文字音義》，自序説：

> 古文字唯《説文》、《字林》最有品式，因備所遺缺，首定隸書，次存篆字，凡三百二十部，合爲三十卷。

林罕説"隸體自此始定"。中國文字史上第一次同文字是秦時的小篆，結果失敗了。這第二次定隸書（即現在所謂楷書），却成功了。楷書體到現在還行用，已經經過一千二百年了。後來張參作《五經文字》，唐玄度作《九經字樣》，宋張有作《復古篇》，一直到近世的《字學舉隅》，都屬於這個系統。

唐時普通人已不會寫篆字，李陽冰中興篆籀，是由書法得來的。他"刊定《説文》，修正筆法"，作三十卷，常自發新説，在晚唐時，這個刊正本很流行。他的侄子李騰集《説文》目録五百餘字刊石，名爲《説文字原》。五代時蜀林罕據李陽冰重訂本作集解，又取偏旁五百四十一字，作《説文字原偏旁小説》。郭忠恕説："林氏虛誕。"郭氏自己也寫過一本《説文字源》，夢瑛寫的《字原》，錯誤也不少。南唐二徐都研究《説文》，徐鍇作《説文繫傳》，很攻擊李陽冰，徐鉉後來歸宋，和句中正等校定《説文》，今世流行的就只有二徐本的《説文》了。

宋時二王的《説文》學，論實是訓詁學。王安石用空想來解釋一切文字，這本是普通人容易犯的毛病，不過他讀書多，附會巧，好像言之成理，而且他在政治上的地位極高，所以《字説》二十卷曾風行一時。唐耜作《字説解》一百二十卷，陸佃、羅願等都是信仰新説的。但是罵他的人很多，所以終於失傳。同時王聖美（子韶）創右文説，以爲形聲字的聲符，大抵兼有意義，却是訓詁學裏一個很重要的法則。

宋代是文字學中興的時期，主要進步有二：

一　古文字材料的蒐集和研究。

二　文字構成的理論，和六書的研究。

古文字材料的蒐集，遠在漢時已經開始，不過那時還只有抄寫的一法，所以許叔重《説文序》儘管説到鼎彝而沒有徵引過一個字。只有古文經，被文字學家許叔重引用到《説文》裏，又被書法家邯鄲淳的弟子輩寫入三體石經。後來大批的汲冢古文，可惜沒有保存下來。

一直到唐朝，書法家或經學家所謂古文，主要的還只是流傳下來的抄本古文經和三體石經。經過六朝的大混亂時期，有僞造的隸古定《尚書》，好奇的人杜撰的古文雜體，也有寫錯的，也有認錯了，以訛傳訛的（例如把行字古文衍誤認爲道），還有許多是從後世字書韵書裏找較特殊的字體，把楷書變爲篆形的，這些材料都匯集到五代時郭忠恕的《汗簡》裏，宋真宗時，夏竦集《古文四聲韵》，還只是這些材料。

由於宋時金石學的發達，隸書的研究，古文字的研究都開始了。皇祐以後，像楊南仲、章友直、劉原父、蔡君謨、歐陽永叔等都好鐘鼎文字，而以楊氏最有名。到元祐壬申（西元一〇九二），呂大臨作《考古圖》，同時又做了《考古圖釋文》（清代學者誤以爲趙九成作），這是古文字學裏的第一本書。他綜合出若干辨識古文字的原則，如：“筆畫多寡，偏旁位置左右上下不一。”他説從小篆考古文，只能得三四，其餘有的從義類推得，有的省，有的繁，有的是反文，有的知道偏旁寫法而不知道音義，由這樣，又可考其六七。他用這種方法認識了幾百個字，給古文字學開了一條道路。

後來王楚作《鐘鼎篆韵》、薛尚功作《廣鐘鼎篆韵》，元時楊鈞作《增廣鐘鼎篆韵》，字數陸續有增加。

自從漢人建立了六書理論後，除了許叔重就沒有人用過。鄭樵第一個撇開《説文》系統，專用六書來研究一切文字，這是文字學上一個大進步。他寫了《象類書》十一卷，以獨體爲文，合體爲字，立三百三十母爲形之主，八百七十子爲聲之主，合千二百文成無窮之字。他批評《説文》"句""半"等部，以爲只是聲旁，不能作形旁，所以把五百四十部歸併成三百三十部，這是以子之矛攻子之盾的方法。另外，他又做過一部《六書證篇》，却又只有二百七十六部，不知異同如何。這兩種書都失傳，他的學説只存在《通志·六書略》裏面。清代《説文》學者因爲他批評許慎，都不願意稱道他，但未嘗不受他影響。我們如其重新估計一下，他所作的六書分類，瑣屑拘泥，界畫不清，固然是失敗的，但不是無意義的。漢儒的六書理論，本是演繹的，沒有明確的界説，經他歸納過一次後，這種學説的弱點，就完全暴露出來了。

六書學在《説文》以外，開闢了一個新的門徑。元時有楊桓的《六書統》《六書泝源》，戴侗的《六書故》，周伯琦的《六書正譌》，元、明之間，有趙撝謙的《六書本義》，明時有魏校的《六書精蕴》，楊慎的《六書索隱》等。楊桓和戴侗都想利用古文字材料。楊桓把六書分成六門，子目瑣屑而重複，他大膽的嘗試用古文大篆來替代小篆，但是那時的材料不够，知識更不够，勉强拼湊成一個系統，當然靠不住。後來魏校繼承他這個系統，更加蕪雜。他們兩人是清代學者常常攻擊的。戴侗的書分九類，只用數目字，和天、地、人、動、植、工事等來分類，立四百七十九個目，其中一百八十八個是文，四十五個是疑文，二百四十五個是字。文是獨立的原始字。所以，照他的說法，一切文字，可以攝入二百多個指事象形的文或疑文的項下，綱領清楚，系統完密，遠在鄭樵、楊桓之上。他於《說文》在徐本外，兼采唐本、蜀本，清代校《說文》的人所不能廢。但他用金文作證，用新意來解說文字，如"鼓"象擊鼓，"壴"字纔象鼓形之類，清代學者就不敢采用，一直到清末，像徐灝的《說文段注箋》等書纔稱引。其實，他對於文字的見解，是許慎以後，惟一的值得在文字學史上推舉的。

明朝是文字學最衰頹的時候，連一本始一終亥的《說文》都沒有刻過。明末趙宧光作《說文長箋》，只根據李燾的《說文五音韵譜》，清初顧炎武批評趙宧光淺陋，可是他也沒有看見過《說文》。一直到明、清之交，汲古閣毛氏根據宋本重刊（據段玉裁說，毛斧季五次校改本，自署是順治癸巳，那是順治十年，西元一六五三），學者纔看見徐鉉本《說文》。乾隆四十七年（西元一七八二），汪啟淑纔刻徐鍇的《說文繫傳》。

跟着漢學的復興，清代《說文》學有了從來所沒有的昌盛，小學比任何一種經學發達，而在小學裏，《說文》又特別比其他字書發達。王鳴盛說：

　　《說文》爲天下第一種書，讀徧天下書，不讀

《説文》，猶不讀也。但能通《説文》，餘書皆未讀，
不可謂非通儒也。　　　　——《説文解字正義序》

這種過分的崇拜，使學者圇於一家之説，從整個文字學史來
看，並沒有很大的進步。段玉裁《説文注》有些新見解，是
第一個以《説文》學者享有盛名的，受抨擊也最多。桂馥的
《説文義證》，搜集例子，確很豐富，可惜刊行較遲。嚴可均
的《説文校議》，對於“偏旁移動，只是一字”，和“省不省
只是一字”，用整理古文字的眼光來懷疑《説文》本書的體
例，在許學裏算是最傑出的。王筠的《説文釋例》，要替古人
作例是不容易做好的事，只有把《説文》的缺點揭露出來。
不過他肯把他研究的方法和盤托出，對初學者不失爲一本有
興趣的書。至於朱駿聲的《説文通訓定聲》，只是訓詁學上一
本有用的書而已。有些《説文》學者專做些辨字正俗的工作，
只要《説文》不載的字就是俗字，一定要在《説文》裏找出
本字，這種尚古癖，在我們看來，是沒有什麼價值的。
　　古文字在明以後倒還有人蒐集，如李登的《摭古遺文》、
朱時望的《金石韻府》、清汪立名的《鐘鼎字源》、閔齊伋的
《六書通》之類，但除了古印外，沒有新材料，轉輾稗販，真
僞雜糅，都是不足道的。到清乾隆十四年（西元一七四九）
《西清古鑑》刻成後，鐘鼎文字纔重被人注意，到現在雖然不
過二百年，已經有了最劇速的進步，使以前的文獻成爲無足
重輕了。隸書首先被人注意，如：顧藹吉的《隸辨》。其次是
漢印，有袁日省的《漢印分韵》等。其次是金文，嚴可均作

《説文翼》，輯鐘鼎文字，依《説文》次序編輯，可惜没有刊行。莊述祖的《説文古籀疏證》想建設一個新系統來代替《説文》，但是從不可靠的材料，主觀的看法，今文經學家的没有條理的玄想，要造一個空中樓閣，把一切文字推源於甲子，這是不可能的。

從阮元作《積古齋鐘鼎款識》，並且刻入《皇清經解》以後，款識學盛行一時，成爲漢學的一部分。陳慶鏞、龔自珍之徒，穿鑿附會，荒謬不經，徐同柏、許瀚等算是較平實的。一直到同治、光緒時，古器物的發現愈多，如：古鉥、封泥、匋器、貨布等都有大批的材料，吳大澂除作《字説》外，蒐集鐘鼎文字和這些新材料作《説文古籀補》，這也是劃時代的一本著作。後來丁佛言的《説文古籀補補》，強運開的《説文古籀三補》，却只是依樣葫蘆而已。

光緒二十六年（西元一九〇〇），殷虛卜辭的發現，在文字學上又揭開了一個新的時代。孫詒讓從研究金文作《古籀拾遺》《古籀餘論》，研究甲骨作《契文舉例》，綜合起來作《名原》，是這個時代的前驅。羅振玉作《殷虛書契考釋》建立了殷虛文字這一個學科，他認爲金文、古鉥、陶器、貨布等材料，應當分開來蒐集整理，二十年來，他的兒子羅福頤以及他的門人後學，已編了不少的材料書和字彙。林義光作《文源》十二卷，用六書分類，很瑣碎。日本人中島竦作《書契淵源》，以金文爲主，只寫了關於人身的一部分，因爲方法是演繹的，免不了穿鑿附會的地方。

因爲金石學的發展，清代學者也研究碑誌的別字，楊守敬又做過《楷法溯源》。行草書則自《草書韵會》《草字彙》之類外，還没有好的字彙。關於俗文字，自翟灝作《通俗編》以後，也有幾十家，有些著作，都擴展到方言一方面。

由中國文字學的歷史來看，《説文》、《字林》以後，可以分成五大派：一、俗文字學；二、字樣學；三、《説文》學；四、古文字學；五、六書學。前兩派屬於近代文字學，後三派屬於古文字學，在文字學裏都是不可少的。清代學者只復興了《説文》學和古文字學，可是其他的，尤其是宋、元人的六書學，還没有重建，蒐集新材料，用新方法來研究文字發生構成的理論，古今形體演變的規律，正是方來學者的責任。

文字的發生

七　中國原始語言的推測

中國古代語言是什麼樣子，我們很難知道。因爲語言的本身，既没有法子保存下來，而中國注音文字的特質，又使我們不能很確實地指出這些文字在古代的讀法，至多，我們只能根據某一些文獻，做些推測而已。

有些人把中國語言列爲單音節語，是很錯誤的。中國的文字，一個字只代表一個音節，但是她的語言，却不是單音節的。這種錯誤是由於没有把"字"（Character）和"語"（Word）分析清楚的緣故。"字"是書寫的，一個中國字，是一個方塊，也只代表一個音節。而"語"是語言的，在語言裏是一個不可分析的單位，寫成文字時，有時可以只是一個字，但碰上雙音節語或三音節語，就必須寫兩個或三個字。

這種情形，如其用翻譯名詞來講，是很容易清楚的，像"葡萄"，我們決不能拆開來，那一點是"葡"，那一點是"萄"，儘管寫做兩個方塊字，實際只是一個"語"。"葡萄"是漢代的外來語，但是上古的中國語，也就是這個樣子。例如"參差"是一個語，決不是既"參"又"差"，"蟋蟀"是一個語，決不能此"蟋"彼"蟀"，可見"參差""蟋蟀"之類，都是中國的雙音節語，因爲我們每個文字只能代表一個音節，所以不能不寫成兩個方塊字，其實這兩個字是不可分的，我們從來没有單用過"蟋"字，或者"蟀"字。

但是，舊式的訓詁學家，往往不懂得"字"和"語"的分別，被字面所誤，把雙音節語拆開來，一個一個去解釋。例如："窈窕"，是雙音節語，形容淑女的美，有些人卻要解釋成"善心曰窈，善容曰窕"。"果蠃"是雙音節語，轉音是"栝樓""瓜蔞"，也可以寫作"果蓏"，本是指某一種果實，有些人卻要解釋做"在木曰果，在地曰蓏"，或"有核曰果，無核曰蓏"。但是"果蠃蒲盧"，當做細腰蜂解釋時，這兩字總還是不能分的。又如"猶豫"也本是雙音節語，可是從《老子》就說"豫兮若冬涉川，猶兮若畏四隣"，分做兩處，那就難怪要把兩個多疑的獸名來解釋了。"狼狽"的意義本等於"狼跋""剌八"，也是一個雙音節語，由於字面是兩個獸，段成式《酉陽雜俎》卷十六附會着說：

> 或言狼狽是兩物，狽前足絕短，每行常駕兩狼，
> 失狼則不能動，故世言事乖者稱狼狽。

後來人就更說到"狼狽爲奸"了。

這種雙音節語，宋張有《復古篇》把它們叫做"聯綿字"，明方以智《通雅》把它們叫做"謰語"，有時是雙聲的，如"參差"，有時是叠韵的，如"窈窕"，有時在聲韵上見不到聯繫，如"權輿"。對於這種雙音節語，我們要捨棄文字的表面，而只取它們的聲讀，如"果蠃"只代表 Kuoluo 或 Kala，因爲它們的意義，必須從語音上去領略的。

中國古代語言裏，雙音節語的數量相當多，可惜到現在

爲止，還没有人把它們整理出來。三音節語據我所知道，像："攝提格""赤奮若""昭余祁""醫無閭""華不注"之類，數目特別少，四音節以上，更不容易見了。這種語言的特質，使我們的祖先沿襲了方塊字，一個字只代表一個音節，遇到複音節語，就隨便借些同音字來寫了。

中國語言裏，還有一個特點是"詞"的豐富。不過一般人對於"語"（Word）和"詞"（即複合語〔Composite Word〕）的分別，也不很清楚。在普通字典裏，既然把雙音節語拆開變爲兩個無用的單字，而在許多搜羅駢字的詞彙裏，却又不能分出哪一類是語，哪一類是詞。符定一的《聯綿字典》把"上帝""中國"認爲聯綿字（即雙音節語），固然是可笑的荒謬。就是王了一先生的《中國現代語法》，把"糊塗"和"身體""保養""故意""桌子""石頭""這麼""那麼""芥菜""兄弟""妻子""先生""妹妹""慢慢"之類，都叫做雙音詞（上册一一一一四頁），我們也覺得甚不妥當。雙音節語在語言裏是一個不可分析的單位，雙音詞是可以分析的。王氏所舉的"糊塗"，實際是雙音節語，誠如他所說，並不是"黏上而又用墨抹去"的意思。孫奕《示兒編》引《呂氏家塾記》："呂端之爲人糊塗"本注讀爲"鶻突"。劉大白《辭通序》裏有一條說：

> 荒唐、混沌、恢台、豁達、澒洞、鶻突、糊塗之類，都是疊韻謰語而以雙聲轉變，意義相同或相類的。

可見這兩字是不可分析的，那就不應該是雙音詞了。

中國語的主體，既都是單音節語、雙音節語，而不常有三音節以上的語，語的範圍就有了限制，同音字也特別多，所以就在"詞"的一方面發展。我們翻開《詩經》來，如：

> "關關""雎鳩"，在河之洲。"窈窕""淑女"，
> "君子""好逑"。
> "參差""荇菜"，"左右"流之。"窈窕""淑
> 女"，"寤寐"求之。

"窈窕"和"參差"是雙音節語，"關關"是前人所謂"重言"，我們叫做重字複合語，因爲我們如用一個字，意義也是一樣的。"雎鳩"和"荇菜"，"淑女""君子"和"好逑"，都是別類複合語。"左右"和"寤寐"都是集義複合語。

王了一所舉"妹妹""慢慢"等例是重字複合語，重字完全在說話人的高興。大部分的字，都可以重一下，就是雙音節語也可以，像"蕭雛"可以是"蕭蕭雛雛"，"糊塗"也可以是"糊糊塗塗"。所以我們不能夠承認它是雙音節語。

至於王氏所舉"芥菜"，那就等於說"荇菜"了。這和"飛機""火車""輪船""銀行"之類是一樣的，王氏把前者稱爲雙音詞，後者稱爲複合詞，是不可解的。"先生"和"後生"有別，"先生"指年老的人，"後生"指年輕的人，等於"王子"是王的子，"公子""君子"是公或君的子。原來都是別類複合語。至於把"先生"當作師長，更變作成年男子的

尊稱，"君子"當作有德行的人之類，等於把"老婆"當作妻室，"丈人"當做妻父，這只是詞的變異，一個意義的引申。我們沒有理由說"先生"（師長）完全和先生出來的意義無關，也沒有理由說"老婆"的原意，不是老了的婆子，那末，總還是複合語。"這麼""那麼"的"麼"，雖只代表語音，但既可分"這"與"那"，也就是別類複合語了。

王氏所舉"身體""保養""兄弟"等詞，我們都叫做集義複合語。有些是意義相同或相近的，例如："方國""室家"，有些是對立或相反的，如"父母""成敗""東西"。至於在兩字裹偏重一字，像把"兄弟"當"弟弟"講，又是後代的變例了。

此外，"桌子""石頭""花兒"之類，我們稱爲附着複合語，發生較遲，在古書裹似乎只有"眸子"，六朝時有"日子"，"頭"和"兒"，恐怕都要唐以後纔有了。如其我們說"桌面""石臼""花盆"，就不需要附這些字，所以我們也認爲是一種複合語。把"妻"叫做"妻子"，也屬於這一類，"耳"叫做"耳朵"，"故"叫做"故意"，"扮"叫做"打扮"，也都是附着一個字上去。

總之，王氏所謂"雙音詞"，把雙音節語的"糊塗"包括在内是錯誤的。此外，他還分八類，再有所謂"複合詞"。我們認爲雙音詞就是兩字的複合語，可是只分四類：一、重字複合語，二、別類複合語，三、集義複合語，四、附着複合語，第四類是晚起的。不過我們認爲"成語""典故"都是"慣用複合語"，所以一共要有五類。

重字複合語，大都是用在修辭方面的，用途最廣的是"集義複合語"和"別類複合語"。後世，俗語則盛行"附着複合語"，文談則盛行"慣用複合語"。《荀子·正名》説："單足以喻則單，單不足以喻則兼"。兼名就是複合語。《尹文子·大道》説：

> 語曰"好牛"，又曰："不可不察也"。"好"者物之通稱，"牛"者物之定形，以通稱隨定形，不可窮極者也。設復言"好馬"，則復連於"馬"矣，則"好"所通無方也。設復言"好人"，則彼屬於"人"矣，則"好"非"人"，"人"非"好"也。則"好牛""好馬""好人"自離矣。故曰：名分不可相亂也。

中國語的特點，就在"以通稱隨定形，不可窮極者也"。因爲中國語差不多限在雙音節以下，數量有限制，所以就在複合語方面發展，尤其到了唐以後，幾乎無語不複。常用的字，雖不過五千左右，但把所有的詞搜集起來，就決不止五百萬條。我們如其寫本語彙，是可能做好的。但如要寫詞彙，不是掛一漏萬，就永無成功之日了。

現在，我把"字""語""詞"三者的區別，再比較一下。

一、"字"　是書寫的單位。一個方塊只代表一個音節。

二、"語"　是語言的最小單位。單音節語，可用一個方塊字寫下來。雙音節語用兩個方塊字寫下來，三音節語就用三個，但不能從字面把它們分開。

三、"詞" 是複合語，由兩個以上的單語組合成的。它們雖可以發生新意義，但總可以拆開來，從字面上追求它的意義的嬗變。

有些學者以為一個方塊漢字是可以讀成兩個音節的，那末，"果贏""科斗"等雙音節語寫做兩個字，豈不是多事。楚人把"虎"叫做"於菟"，吳人把"筆"叫做"不律"，都寫做兩個字。"薺"是"蒺藜"，"椎"是"終葵"，可見單音節語寫一字，雙音節語就寫兩字，那末，一個字就不該有兩個音節。章太炎據《説文》有"悉蟀""焦僥"，認為古人造"蟀"字不造"蟋"字，造"僥"字不造"僬"字，是"蟀"兼"悉蟀"二音，"僥"兼"焦僥"二音，他竟不知道除了可以畫出來的事物（像鳳字）外，雙音節語本都是假借字，"倉庚"就是一例。後人造形聲字時，凡遇到"二名"（不一定雙音節語），常常只在一個字上加了偏旁，例如把"忍冬"寫成"荵冬"，難道"荵"字也兼"荵冬"二音麼？《淮南子・主術訓》："趙武靈王貝帶鵁鶄而朝。"高誘注："鵁鶄讀曰私鈚頭，二字三音也。"這雖然是單文孤證，卻是主張一字兩音的人的最重要的根據。但是我們只要看高誘把"鵁鶄"讀為"私鈚頭"，就可知道這不是它的本音。帶鈎本是胡服，《戰國策・趙策》叫作"師比"，《史記・匈奴傳》作"胥紕"，《漢書・匈奴傳》作"犀毗"，《東觀漢記》作"鮮卑"，都是胡語的譯音，顏師古所謂"語有輕重耳"。《淮南子》的"鵁鶄"，高誘如把它讀成"私鈚"，那就和"師比"差不多，但是聲音不合。如其單看"鷄"字讀私閨切，可以説是"私"字的轉音，鷈和比却距離太遠了。可是高誘還要附會，就在"私鈚"下加上一個"頭"字來對"鷈"字，那末，"鷄"字就相當於"私鈚"二音了。班固與寳將軍箋説："犀毗金頭帶。"《楚辭·大招》注説："鮮卑帶頭。"可見"頭"字和譯語的本身是無關的。"私鈚"兩字是叠韵，讀快了只是一個"私"字的聲音，高誘既然把"鷄"讀做"私"，也就可以硬讀成"私鈚"二音。所以這個讀法，只是附會，而並不是某一個字本來可以讀兩個音。況且，翻譯名詞，常較原文簡短缺略，譬如"佛"就是"佛陀"，我們不能説"佛"可以讀作"佛陀"，所以即使帶鉤原名就叫"私鈚頭"，翻譯成"師比"時，我們不能説"比"字音鈚頭兩音，譯成"鷄鷈"時，當然也不能説"鷄"字音私鈚兩音，或"鷈"字音鈚頭兩音。所以一字兩音之説，根本是無稽的。

　　古代中國語言既然大體是單音節語和雙音節語，語根的探索，似乎不會太困難，因爲中國古代的原始語音不會太多。假使我們能考出古代有多少韵母，多少聲母，就可以懸想那時語音的全貌。中國文字既是一個字代表一個音節，而原始文字聲音完全相同的，像"公"和"工"之類，並不很多，所以我們如能考出所有的原始文字，能够弄清楚他們的讀法，就可以知道古代中國的原始語言究竟有多少個不同的音節單位。

　　我們在這裏所遇到的煩擾，韵母比聲母要少得多。從《切韵》系統裏的聲母來説，一等字只有十九個（韵表上有一部分列在四等，其實只是一等），二等字在齒音裏，少去四個，另外又加了四個。三四等韵除了這四個聲母和二等相同外，另有二十九個。合併四等，共有五十二類的聲母（脣音也許還可分析，在這裏不詳論）。但是在諧聲系統裏就有許多現象是不易解釋的。"貪"字音他含反，怎麼從居音反的"今"字爲聲呢？"唐"字徒郎反，怎麼會由古行反的"庚"字得聲呢？這是由 K 諧 T 或 D 的現象。"頴"匹各反，"翬"也是匹各反，顯然都從古核反的"革"字得音。"別"憑列反，應當從古瓦反的"咼"字得音。這是由 K 諧 P 或 B 的現象。"屈"字九物反，又區物反，却從尺聿反的"出"得音，從"出"的字。還有"咄"當没反，這是由 T 或 TS 諧 K 的現象。"豹"字博教反，從之若反或市若反的"勺"字得聲。"馰"字除了音豹，音酌，還可以音"的"，都歷反。這是由 T 或 TS 諧 P 的現象。古孟反的"更"字，從兵永反的"丙"字得聲，是由 P 諧 K 的現象。徒刀反的"匋"字，從方久反的"缶"字得聲（《説文》從包省聲，而説："案史篇讀與缶同。"據改正。金文"缶"字讀如"寶"，博抱反）；多則反的"鼏"字，本從博蓋反的"貝"字得聲。徒紅反的"同"字，本從扶芝反的"凡"字得聲。這都是 T 或 D 諧 P 或 B 的現象。這種現象，到處都有，尤其是研究古文字時，簡直是俯拾即是。不過這種例子是很散漫的，有些字前人常用會意或別的方法來解釋，騰下來的也就不去注意了。只有來母字的問題，比較是最複雜而顯著的，例如從"各"聲的字，《廣韵》在盧各切裏有了洛、烙等二十三字，洛故切裏有了路、露等十一字，這就很容易引人注意的。現代的語音學是由印、歐語的研究發展出來的，學者們先有一個複輔音的成見，遇到這些難解的問題，他們就立刻提出來中國古代語有複輔音了。

這個説法是英國人伊特金斯（Edkins）創始的，高本漢在《漢語詞類》裏説：

> 關於起首的複合輔音，……有一種 K：L 和 P：L 的轉換。例如"各"古音 kak："洛" lak，"變"古音 pian："孿" liwan，這時似乎要疑惑，那種複合的輔音，還是存在於 K（P）音的字，還是存在於 L 音的字，或是兩者當中都有存在着。這樣的三種解釋，由因推果，似乎都是有可能性的：
>
> A　"各" klak："洛" lak；
>
> B　"各" kak："洛" klak（glak）；
>
> C　"各" klak："洛" glak。
>
> ……在許多事例裏，這三種的説法當中，有一種決定是最可取的：C 的説法。
>
> A 的説法在幾個例子裏要排除的，……第一，有個"藍"字，古音 lam，……我們一方面有了"監"古音 kam，另一方面又有暹羅語 k'ram（靛青）較古的 gram，那末，上古音 lam 前面的舌根音是確實的：上古音 glan（靛青）。此外，……羅布淖爾上的樓蘭城，在張騫旅行的報告上已經是"樓蘭"

了。這個外國語詞的譯文必定是密合於那時的語音的，"樓" lou 字具有和"窶" g'iu 字相同的音符，顯示着一個舌根音，又此城在可哈洛斯底文的記載中稱爲 kroralmna，所以 ləu 是漢朝的 glu，在這兩種的例子上，都足以排除 A 的説法。

馬伯樂曾經指明"變" pian 這個語詞符合於暹羅語的 plien，這説似乎是可信的，如果是對的，那便是一個事例足以排除 B 的説法的。……這種種確是使我們贊成 C 的説法，於是我們得到"各" klak："洛" glak 等。

——張世禄譯本一○三—一○五頁（原書擬音有較詳細符號，在此無重要關係，從略。）

後來，他在 Grammata Serica（《中日漢字形聲論》）裏，就大量應用這個 C 式來擬音。

在我們看來，這種見解是很粗糙的，不成爲一個論證。在現代中國方言裏沒有複輔音的痕迹，在《切韵》系統的反切上字裏也看不出複輔音的現象，《切韵》系統的反語是從《聲類》、《韵集》來的，我們可以上推到漢末（西元三世紀初），但是，反語的方法，遠在孫炎以前，民間就流行着。梁玄帝《金樓子》説："宋玉戲太宰屢遊之談"，用"屢遊"二字來作反語，即使不是真的宋玉寫的文章，也一定是漢人所託的。況且"終葵"爲"椎"，"不可"爲"叵"，顯然是反語的前驅呢。從反語的方法來説，決不容許有複輔音的。

這種説法，流布得很廣，許多學者都輕忽的、不加思慮的接受了這新奇的意見。其實，如果拿台語來比較，靛青是k'ram，變是plien，以及林語堂所舉孔是klong等只有兩三個零碎的材料，可以證明漢語有複輔音嗎？這實在是太危險了。我對於台語一無所知，但我總不能相信在不很相同的兩個語系裏隨便舉些例子來比較。即使靛青的名字，由中國語傳入暹羅，或者本是暹羅語，而被漢語借用。在借用的時候，新的主人未必能完全準仿原來主人的語音，例如："人力車"jinrikisha這一個名詞是從日本人讀漢字的聲音譯爲英文的，我們決不能説中國人會把"力"字讀做riki，"車"字讀做sha。所以，在台語裏原有複輔音，不妨把Kl來對照K或L，在漢語裏沒有複輔音，也不妨把K或L來對照Kl。至於"樓蘭"的譯名，拿一個古代中亞語來對照是更危險的。第一，如説張騫譯文一定很密合，"樓"是glu，那末，"蘭"一定要對照raimna，這可能嗎？"樓"和"寠"有相同的音符，所以是glu，那末，"樓"和"數"也一樣是相同的音符，《漢書·東方朔傳》還有一個戴器叫做"窶藪"，我們爲什麽不説是slu，或則簡直説gslu呢？譯文對照的不可靠，上面已經屢次説過了。高氏的説法，實在只是先有一個成見，興到筆隨，並沒有仔細考慮過的。

講到諧聲，我在民國二十六年曾寫過一篇古無複輔音的短文（在那裏面所説來母古讀如泥母的一點是錯誤的），舉出十幾條例子是K，T，P，X，G，D，S，B，M等，常常有幾個都在和L轉變的，近來董同龢先生的上古音韵表稿也舉了"織"、"翏"、"龍"三例，説"在這樣的情況下，將以'織翏龍'的聲母是 bl 呢？dl 呢？還是 gl 呢？無疑的，顧此必又失彼"。他又批評高氏説：

當高氏以"織"爲 bl-以及"翏"爲 gl-的時候，他就是忽略了"織"與"翏"對所有跟他們接觸的各系字的關係是平等的。"織"與"變"的關係是bl-：pl-，"翏"與"膠"的關係是 gl-：kl-；但是"織"與"攣"則不過如 bl-：sl-，"翏"與"謬"又不過如 ml-：gl-。他是何所據而作此輕重之分呢？到了"龍"這個例，他到底被迫放棄了 C 式。但是我也不知道他爲什麽又只承認"龍"跟"寵"的關係。"龐"既誤認爲 l-母字，"龔"又是無緣無故的擺在"廾"的系統之中去了。我覺得凡是這一類的現象，當然是用 A 式爲最合宜。——二九—三十頁

董氏的批評是很精細的，但是他先接受了複輔音的説法，所以只在高氏所提三種標寫複聲母的型式上着想。他覺得"A式是可以無往而不利的"，又覺得也還有 B 式 C 式的可能，結果，他没有決定了什麽。

董氏討論諧聲，而把這樣重要的問題，輕輕地從手上滑了過去，是很可惜的。他一看見兩個不同類的聲母，就很簡單地以爲這在上古也許是複輔音。上古的複輔音有多少呢？他没有想過。有那一種複輔音有歷史的證據呢？他没有提出

來。只因許多變例在近代語音學上不好講，既有這一條捷徑，索性都算做複聲母就交了差了。從帶 L 的字説，他也並没有分開哪些字，原來就是來母，如"龍""翏"等字；哪些字原來本不是來母，像"各""卯"等。這從諧聲系統説，本是很容易區別的。

聲母原來在來母的字，不一定和別系發生關係，例如"良"字（《説文》從亡聲是錯的），只有一個"娘"字讀到娘母去了。"兩"字，簡直没有別讀。就拿有問題的"龍"字來説，在《廣韻》裏面是：

一東　L 二十四字　　B 一字

三鍾　L 九字　　　　K 一字

四江　L 二字　　　　B 一字　　　S 一字

一董　L 九字

二腫　L 二字　　　　TS 一字　　D 一字

一送　L 一字

三用　L 三字　　　　K 一字

再拿"䜌"字説，在寒韻一字，桓韻十四字，仙韻三字，獮韻二字，換韻一字，綫韻四字，都屬來母。只有删韻"彎"字和"蠻鸞"字，潸韻"矕"字，諫韻"孿"字，願韻"變"字，綫韻"變"字和"孿"字是例外。由此，我們可以斷定來母的字，只能是一個 L。如其因爲從䜌聲的字有"變"字，而把"䜌"字擬做 bl-，不但如董氏所説，對不起"孿"k-，

"彎". -，"孿" s-，等字，成爲不平等的待遇，實際上更對不起的是其他的從"絲"的來母字，爲什麼平白無故地它要在 L 上加一個 b 呢？

高本漢所用 C 式的不通既如此，董氏所謂無往不利的 A 式呢？我們如其從諧聲系統來看是這樣的：

"各" klak："洛" lak；
"卯" mlog："柳" liog；

但是：

"录" lok："剥" plok；
"絲" luan："變" pliwan。

我們姑且不管它們寫法的不同，只看這樣寫出來，來母字的責任減輕了，但如原始字不是來母，責任又加重了。要是像：

"萬" miwan，"譓" xwad， "薑" t'ad，"属" lad。

這"萬"字又該何去何從呢？我們知道"萬"字古時就是"薑"字，那末到底應該是 ml-呢？還是 tl-呢？假使是 ml-，怎麼"薑"會有 t-的音，假使是 tl-，它自己又怎麼變成了一個 m-呢？

如果我們再來看 B 式呢，那是：

"各" kak："洛" klak；
"卯" mog："柳" mliog；

而：

"录" plok："剥" pok；
"戀"pluan："變" piwan。

來母字依然要負荷那些不平等的待遇，和 C 式並沒有不同。

如其我們一定要維持這個複輔音，也可以再作一個第四式，D 式：

"各" kak："洛" klak；
"卯" mog："柳" mliog；
"录" lok："剥" plok；
"戀" luan："變" pliwan。

這至少比高氏三式都合理，可是我們需要嗎？

事實上，不是來母的字，如"各""卯"等的諧聲字，變換爲來母的數目常是很多（各聲的來母字就有三十四字），而本身是來母的字，變換做別的聲母的字總是很少，這種現象是第一值得我們注意的。其次，漢以後，變換來母的例，還是常有。例如：《山海經》《戰國策》《史記》等書都已記載的北方的"橐駝"，有時寫做"馲駝"，這是一個雙音節語，所謂雙聲謰語，"橐"或"馲"應該讀作 t'ak，是決無疑問的，但到了《博物志》《異苑》《後漢書》，已都作"駱駝"，"駱"字從"各"聲，在這裏當然只是 ak，不會是 klak。到了《廣韻》，"驠馲"二字，都有託落兩音，可是"駱"字沒有"託"音，可見它更不會是 tlok，但是，"橐駝"在漢以後變成了"駱駝"了。這和複輔音有什麼關係呢？"轆轤"變爲"轆轤"，"屬鏤"和"屬盧"變爲"鹿盧"，我們不能想像"轆"跟"屬"，或"轆"跟"鹿"有 dlok 的讀法。"沐猴""母猴""獼猴""馬猴"，都是一語之轉，《詩話總龜》卷三十八说："馬留蓋優人呼沐猴之名。"現在粵語也把"猴"叫做"馬留"，和宋時的俗名相同。玄應《一切經音義》卷十一："鶹狐，鶹鷅也。關西呼訓侯，今山東呼訓狐也。""鶹狐""鶹鷅"、"訓侯""訓狐"，都是一聲之轉。可以證明"猴"可以讀作"留"，"鷅"可以讀作"侯"，但是不能證明"侯"聲或"留"（從卯聲）聲的字有複輔音的讀法。

我們如果假定非來母字的諧聲字，有些大量地變成來母是複輔音的，如"各"kak："洛"klak；我們就不能再假定來母字的諧聲字，變成別系聲母的，也是複輔音的，如"樂"lak："濼"p'lak、"鑠"sliak、"藥"gliak、"嚛"xlok 之類，這是十分矛盾的。因爲造新的形聲文字，至少有一種習慣性，造文字的人既可廣泛地應用 K，T，P，S，M 等聲母的字來諧 Kl-，Tl-，Pl-，Sl-，Ml- 等等的複輔音這就很夠了，又如何再用 L 聲母去諧各式各樣的複輔音。錯誤和例外，總是偶然的，可是，來母字讀做別的聲母，分配得很廣而均勻，像"龍""里""婁""坴""林""翏""樂""絲"等，都是同時可以讀成幾個別系聲母，雖則每一個讀法的數量是不多的。所以即使"各""卯"等字系内的來母字可以假定是複輔音，對於"龍""里"等字所諧的非來母字，我們還只能說是一種聲母的轉讀，決沒有複輔音在内。

可是，如事實所示，"橐""馼""轐""屬""猴"等字的讀爲來母，和複輔音是無關的，所以就是"各""卯"等字的諧聲字變換爲來母，也不能是由於複輔音的關係。再者，從理論上說，來母字既然可以轉讀做別系聲母，那末，別的聲母爲什麼不可以呢？對於中國語有複輔音的假定，本是語言學家一種無可奈何的辦法，在中國語言裏的廣泛的聲母轉讀，對於西方語音學家的眼光裏是新奇的，他們不願意承認不同系的聲母（例如 K 跟 T，P 跟 L 等），可以轉讀，在困難時，就用複輔音來搪塞，像《西遊記》裏的觀音菩薩一樣，就可以無往而不利。

其實，和諧聲系統同樣重要的，還有一個中國文字的異讀問題。例如"角"字在說"角里先生"時，"谷"字在說"谷蠡王"時都讀作"禄"，"羮"字在說"不羮"時音"郎"，主張複輔音的人也許更振振有辭，說，這是很好的證據，可是在諧聲字裏沒有讀入來母的，所以高本漢的 Grammata 也沒有寫做 Kl-。"角"字有"禄"音，來源是很古的，"宫商角徵羽"的"角"，《倉頡篇》寫作"睩"，原本《玉篇》音古學反，陸法言《切韵》却是盧谷反，這字遠在周初的銅器裏已經發現了。假使這個從彔聲的"綠"字原就表現一個 kok 的音，那就把 lok 讀做 kok，如說是複輔音，又和"剝"字的 pok 不能相容。我們只能説它原是一個 lok，所以這是：

"角"kok："綠"lok。

我們可以説 kok 能讀爲 lok，同樣，lok 也可以讀做 kok，這裏並沒有複輔音的存在。更有趣的是這種異讀字，大都沒有變來母諧聲，而有大批來母諧聲字，像"各"字之類，却從來沒有來母的異讀，假使中國語本有複輔音的話，這便是怪事了。要照我們的解釋，則任何聲母都有轉讀來母的可能，但並不是每個必須轉讀。"各"字所以沒有 L 的音，正因爲它本來沒有這個異讀。"炮烙"又作"炮格"，"伯格長"又作"伯落長"，金文把"洛于官"來代替"格"字，可見較早的讀來母的"各"聲字，還是有本來的讀法的。

　　當然，異讀不一定是見母和來母的關係，例如"樂"字就有五教反或五角反的異讀，所以高本漢把它寫做 nglok，但是他不曉得"濼"字也有匹各反的異讀，他在"濼"字只寫了 glok，我們如其把"梁山泊"讀爲"梁山樂"，是不會有人贊同的，但如其説"濼"是 p'lok，我們又不懂得爲什麼古人不爽快地寫個"泊"字，而要用這個"樂"聲。更重要的，如：金文的"令"字，大家都知道和"命"字是一個字，而且金文的"鈴"字就從"命"，可以知道周時的"命"字，還讀來母。顯然在晚周以後，要把"令"和"命"分開（如"既不能令，又不受命"），纔把它們讀成兩個聲音（命令猶螟蛉），所以令聲的字入明母的只有"命"字，但是高氏在這裏只把"命"字認爲會意，不說複輔音了。金文的"立"字，常常當做"位"字用，現在"位"字讀做于母，可是從"位"得聲的"涖、蒞"等字，依然是來母，讀于母的只有一個"位"字，更可見這只是異讀了。

來母以外的異讀，也是常見，如："禩"字讀爲之若切，類乎近代俗字的"做"字從"故"聲，這種都不是偶然的。甲骨金文"噩"跟"喪"是一字。"御"字甲骨作"卸"，從午聲，而後世有"卸"字。從"午"得聲的"許"字，在若干地方，和"所"字通。我們可以看見 Ng 和 S 的關係。甚至於前面所說 K，P，T 等聲母各種變換的關係，我們都不能認爲複輔音，只能認爲是"聲母"轉讀。當然，這種轉讀，除了少數例外，總是有親疏遠近的。

中國語言何以有這麼多的聲母轉讀呢？我不想多作假設。但是，我就聽到過有人把"順"念做"忿"，這種異讀的偶然流布，在廣大的區域，綿長的歷史內，當然可能造成這種混亂的局勢的。中國語言的元音部分，在古代大概比較固定，而輔音部分却非凡含糊或疏忽，所以容易流動。例如：韵尾的輔音可以脫落（像入聲）；也可以轉變。（如：若干閉口韵的讀入祭部、脂部，咍韵的變爲收 i 尾以及陰陽入的對轉。）聲母輔音也還有脫落，如"影""喻"等母，那末，當然也可以轉變。我想一個語言學家，如其肯虛心地，不單抄襲西方人的看法，他總會覺察出中國語言的特點，就在這輔音比較容易流動的一層。

如其説中國語言還有特點，那恐怕就是聲調了。中國語言與其説是單音節語，不如説是"聲調語"，因爲聲調的不同，可以表示詞性的不同，正等於"曲折語"的語形變化。中國語言的輔音種類本不多，聲母最多分到五十多類，有許多是包含介音的，如：精系一等和四等相同，只是後者有介音罷了。但是韵的分別是繁複的，陸法言《切韵》分了四百二十九類，《韵英》分了五百八十類，近人根據《廣韵》反切來分類，把許多舊分類例如脣音字等淹没了，也還有三百三十九類，這麽多的韵是怎麽分的呢？韵的分析，除了元音不同外，第一是韵尾的不同，最多可以分成九類。第二是介音，三四等的合口，還有複介音。第三就是聲調的變化了。

舊時的古韵學者，段玉裁説古無去聲，孔廣森則説古無入聲，黄侃又説古音衹有平入二音，但是，現代學者大抵已相信古代就有四聲了。其實所謂"四聲"，入聲韵尾不同，只陰陽聲韵各有平上去三聲。《文鏡秘府論·調四聲譜》中有六字總歸一紐是：

皇晃璜　鑊　禾禍味　傍旁傍　薄　婆潑綍
光廣珖　郭　戈果過　荒恍怳　霍　咊火貨

可見以前人早知道陰陽入相配，不過那時歌韵已代了模韵的地位，所以用它來和《唐韵》相配了。

陸德明《經典釋文·序録》説：

> 夫質有精粗，謂之好惡，心有愛憎，稱爲好惡。當體即云名譽，論情則曰毁譽。及夫自敗敗他之殊。自壞壞徹之異。此等或近代始分，或古已爲別，相承積習，有自來矣。余承師説，皆辨析之。

顧亭林據《離騷》"好蔽美而稱惡"與"固"字叶韵，證明美惡之"惡"也可以讀去聲，就説上古没有這種辦法，這是不對的。後古文字來看，一字兩讀的方法，很古就已有了。例如"受"字，在古文字裏畫出兩隻手傳遞一隻舟，上面的手，表示受予，下面的手，表示承受，這一個字應屬兩方面，後人怕没有分別，把受予義又加上手旁作"授"，表示這去聲字和上聲的"受"是不同的。

受尊

"買"字見於殷時金文和卜辭，是上聲字，加上"出"字，變成"賣"字，讀去聲，顯然也是後起的。可是我們決不能説古人連"授"跟"受"，"買"跟"賣"，都没有分別。"糶"字訓穀，加上入字是"糴"字，入聲；加上出字是"糶"字，去聲。"姓"字從女，因爲母系社會的關係，所以反過來，"甥"字從男，一個是去聲，一個是平聲。古人寫"正"字的意義，就是出征，可是正月讀如政，後來避秦始皇的諱，改讀做征，可見"正"字古時有平去兩種讀法。由此可見四聲是古代就有的，所謂"動静異音"，也並不完全是後世纔分別的。

　有些學者抱怨中國文字不進化，不能達到拼音文字，不能達到發明字母的階段，以爲是字形的阻礙，其實沒有瞭解中國語言的特質。中國文字是配合她的語言的。這種語言，音節單簡。元音顯得特別重要，輔音容易流動。韵類最複雜，而沒有複輔音。有聲調變化，沒有形式變化。現代中國語也沒有改變了多少。雖則也有人在抱怨中國語言的不够進化，但是我總覺得除了自然的力量，我們對於改進語言的本質是徒勞的。所以，要改進中國文字的時候，還必須顧慮到它和語言的關係。

八　關於中國文字起源的傳說

　中國人對於文字起源，大概在戰國時就注意到了。
《易·繫辭》説：

　　上古結繩而治，後世聖人易之以書契。

《莊子·胠篋篇》也説：

　　子獨不知至德之世乎。昔者，容成氏、大庭氏、伯皇氏、中央氏、栗陸氏、驪畜氏、軒轅氏、赫胥氏、尊盧氏、祝融氏、伏戲氏、神農氏，當是時也，民結繩而用之。

《胠篋篇》裏說到田成子十二世有齊國，寫成的時期，許已在秦、漢之際。《繫辭》裏有些話常附會作孔子說的，應當是戰國晚期作品，總比《胠篋》早些。

結繩是有些民族在沒有發明文字時，用以輔助記憶的。中國，一直到宋以後，南方谿洞蠻族，還有用結繩的。據說，臺灣、琉球等地，遠至非洲、澳洲，都有這種助記憶的方法。南美洲的祕魯，尤其著名。這種方法的地理分布很廣，歷史也很悠久。有些民族，利用繩子的顏色和結法，還可以精密地記下一些事情。

《易·繫辭》在說到庖犧氏時，又說：

作結繩而爲網罟，以佃以漁。

好像"結繩"是漁獵社會裏的事情。《繫辭》所說，本只是推想，並非歷史，中國古代究竟有沒有這種事情，是很難說的。戰國時人也許是根據一些古代傳說，也許聽見過某一種未開化的民族用這方法，就以爲我們的祖先也一定如此。但根據若干文字的解釋，好像這種傳說也許是可信的。

鄭玄《周易》注說：

結繩爲約，事大，大結其繩，事小，小結其繩。

李鼎祚《周易集解》引《九家易》也說：

古者無文字。其有約誓之事，事大，大其繩，事小，小其繩。結之多少，隨物衆寡，各執以相考，亦足以相治也。

這是説"結繩爲約"。又郭象《莊子注》説：

足以紀要而已。

"要"和"約"字雖不同，在語言上是相同的。《説文》："約，纏束也。"是約字的本義。《周禮·司約》説：

掌邦國及萬民之約劑，……凡大約劑書於宗彝，小約劑書於丹圖。

鄭玄注説"約劑"是"言語之約束"。但在《士師》裏：

凡以財獄訟者，正之以傳別約劑。

鄭玄又説是"各所持券也"。我們覺得"約"字的起源，大概還是繩結子，在沒有文字以前，契券就是繩結。至於"要"字，《左傳》文公六年"由質要"，注是"契券也"。《周禮·職金》："入其要。"鄭玄注是"凡數也"。《士師》："歲終則令正要會。"鄭注是"定計簿"。《小宰》："聽出入以要會。"鄭注是"月計曰要，歲計曰會"。可見"要"也是契券，而且是計數目的。周厲王時的散盤，最後一行説：

厥左執縷史正中農。

"執縷"就是後世的中證，"縷"字從系旁，和"約"字相同，可以推想這些計數目的契券，原來應該是繩結子。

但是，結繩究竟不是文字，劉師培根據鄭樵的《起一成文圖》，認爲結繩時代的文字，不但不懂得文字，也還不懂結繩的方法。鄭樵本只想把文字歸做一源，雖也是無稽，却並沒有把結繩牽涉在裏面，本來，用繩子打結，怎麼能打出一丨丿乀等字形呢？

到戰國末年，學者間還盛傳着倉頡作書的故事，我們所見到的，有：

一　《荀子·解蔽》："好書者衆矣，而倉頡獨傳者一也。"

二　《呂氏春秋·君守篇》："奚仲作車、倉頡作書、后稷作稼、皋陶作刑、昆吾作陶、夏鯀作城，此六人者所作，當矣。"

三　《韓非子·五蠹篇》："倉頡之作書也，自環者謂之私，背私謂之公。"

四　《世本·作篇》："沮誦倉頡作書。"

——《廣韵·九魚》引

五　李斯《倉頡篇》："倉頡作書，以教後詣。"

——居延所出漢木簡

六　《淮南子·本經訓》："昔者倉頡作書而天雨粟，鬼夜哭。"

到王充《論衡》裏更常常稱引，而產生許多故事，如：

倉頡四目。　　　　　　　　——《骨相篇》

倉頡以丙日死。　　　　　　——《譏日篇》

倉頡起鳥迹。　　　　　　　——《感類篇》

《孝經援神契》裏説"倉頡視龜而作書"，到《皇覽·冢墓記》裏更有了他的葬所。

　　倉頡作書，在那時是普遍的故事。沮誦只有《世本》上説過，我很疑心沮誦便是祝誦（見武梁祠畫象），也就是祝融。至於《法苑珠林》卷十五説：

昔造書之主，凡有三人，長名曰梵，其書右行。次曰佉盧，其書左行。少者倉頡，其書下行。梵、佉盧居於天竺，黃史倉頡在於中夏。梵、佉取法於淨天，倉頡因華於鳥迹，文畫誠異，傳理則同矣。

顯然是釋子們的附會，是梵文盛行以後的故事了。

　　古人把"圖"跟"書"分開，"河出圖，洛出書"，就是明證。傳説中的倉頡本只造文字，没有説能畫。《吕氏春秋·勿躬篇》説：

> 　大撓作甲子，黔如作虜首，容成作曆，羲和作占日，尚儀作占月，后益作占歲，胡曹作衣，夷羿作弓，祝融作市，儀狄作酒，高元作室，虞姁作舟，伯益作井，赤冀作臼，乘雅作駕，寒衰作御，王冰作服牛，史皇作圖，巫彭作醫，巫咸作筮，此二十官者，聖人之所以治天下也。

《文選·宣貴妃誄》注引《世本》也説"史皇作圖"，這和"倉頡作書"本截然是兩回事情。可是《淮南子·脩務訓》説："史皇產而能書"，把"圖"變成了"書"，注家隨文生義，所以高誘説：

> 　史皇、倉頡，生而見鳥迹，知著書，號曰史皇，或曰頡皇。

把"史皇"和"倉頡"就混而爲一了。其實《淮南子》這個"書"字是錯字，應當作"畫"，《周禮·外史》疏引《世本》"倉頡作文字"，是用"文字"來解釋"書"，《藝文類聚》引《世本》"史皇作畫"，是用"畫"來解釋"圖"，可以爲證。《淮南子》下文又説：

　　　　昔者倉頡作書，容成造曆，胡曹爲衣，后稷耕稼，儀狄作酒，奚仲爲車。

可見他本沒有把"史皇"當做"倉頡"，只是把"畫"字錯成"書"，給注家誤會了，糾纏了一千七百年，沒有人能校正，是很可怪的。

　　大概戰國末年的學者，對文化起源非常注意，常常有某人作某物的傳說，《世本》裏還專有一個《作篇》，"倉頡作書"和"史皇作圖"，都不過是其中的一部分。

　　關於倉頡的時代，孔穎達《尚書正義》說：

　　　　其倉頡則說者不同，故《世本》云："倉頡作書。"司馬遷、班固、韋誕、宋忠、傅玄皆云："倉頡，黃帝之史官也。"崔瑗、曹植、蔡邕、索靖皆直云："古之王也。"徐整云："在神農、黃帝之間。"譙周云："在炎帝之世。"衛氏云："當在庖犧、蒼帝之世。"慎到云："在庖犧之前。"張揖云："倉頡爲帝王，生於禪通之紀。"……如揖此言，則倉頡在獲麟前二十七萬六千餘年。是說倉頡，其年代莫能有定。

大概漢初的人都說倉頡是"黃帝史"，漢末以後，纔把他的時期望前推，慎到作《慎子》四十二篇，後世所傳的是漢以後僞託，所以和衛氏等說相近。有了張揖的說法，加上和"史皇”的混淆，到了《路史》一類的書，就湊成一大套的神話了。

可是本來作《易‧繫辭》的人，把書契的起源，却是估計得很遲。他説作書契的人是“後世聖人”，顯然不是“古聖”，他又説“古者庖犧氏之王天下也，……始作易八卦”，顯然不是“後世聖人”。許慎《説文解字序》把庖犧造八卦和造書契的故事聯結起來，而把“後世聖人”直接改做“黃帝之史倉頡”，和作《繫辭》的人的看法，也不致於距離太遠。

魏、晋之間的人把古史拉長了，他們不滿意這種説法，所以僞造孔安國《尚書傳》的人，爲了把“三墳”附會做伏羲、神農、黃帝的書，就不得不説伏羲是“畫八卦，造書契，以代結繩之政”，把造書契一事提前了，也不惜把《繫辭》的文字硬改了。

但是從來還没有人説八卦就是文字，這種附會，大概是宋以後的事情。鄭樵《六書略‧論便從》：

> 文字便從不便衡，坎、離、坤，衡卦也，以之爲字則必從。故☵必從而後成水，☲必從而後成火，☷必從而後成巛。

這三個字裏，水字是最容易使人相信的，六國文字的水旁，往往作☵，也還有作☲的，但我們要看商代只作∫（《説文》同畎），有時加點，而大都不加，就不能附會了。離卦和火形，根本不像，古文的火字，有些像舊小説插圖裏的火花，所以容易和山字相混。坤卦字在漢碑裏作𠀘 巛等形，《周易音義》説“坤本又作巛”，王念孫父子以爲借川字，是很對的，因爲這巛形無論怎樣也不像地字啊。

把三畫的乾卦來象天字，只有搬出草書字來了。但即使我們承認了這些似是而非的例子，對於震、艮、巽、兑，總還没有辦法。楊萬里説由天、地、水、火，可以知道雷、風、山、澤的字也應該一樣；項安世也説，拿水字來推，八卦的字，應該都用三畫；宋以後人假造的《易緯乾坤鑿度》，索性把八卦當做天地等八字的古文，這種全無依據的説法，更不足道了。

爻盉　　《鐵雲藏龜》一五七葉𦥯戊

巫姜簋　　史懋壺路彝

不過，八卦的一畫和一字的一畫，很難區别，所以即使它們本身不是文字，也常被認爲是文字所取材的一種形象。可是，照我的意見，八卦的起源，是用算籌（卜算子）來布成爻（古文作㸚，即象三爻），古文“學”字，也就像兩手布爻的形狀。這種方法由巫發明，所以“巫”字古作，本也是兩個算籌交加的形狀。這種算籌，有骨做的，也有玉做的，所以“巫”字從兩個工字。後世改爲竹籌，就造了“筮”字，而加上兩個手形表示筮卦的就是“筭”字了。《吕覽・勿躬》和《世本・作篇》都説“巫咸作筮，巫彭作醫”，這兩事是巫

術的中心，到春秋時，南方的巫的力量還很大，所以："南人有言曰，人而無恒，不可以作巫醫"。而屈原說："我將從彭咸之所居"，就指巫彭和巫咸。《周禮·筮人》說：

> 掌三易以辨九筮之名，一曰《連山》、二曰《歸藏》、三曰《周易》。九筮之名，一曰巫更、二曰巫咸、三曰巫式、四曰巫目、五曰巫易、六曰巫比、七曰巫祠、八曰巫參、九曰巫環，以辨吉凶。

這裏說的本來是九個巫的名字，和《山海經·海内西經》的：

> 巫彭、巫抵、巫陽、巫履、巫凡、巫相。

《大荒西經》的：

> 巫咸、巫即、巫肦、巫彭、巫姑、巫真、巫禮、巫抵、巫謝、巫羅。

都差不多。所謂"二曰巫咸"，就是巫咸所作的筮法，鄭玄不明白這一點，解釋爲"咸猶僉也，謂筮衆心歡不也"，就莫明其妙了。

巫咸是殷時人，見於《尚書》，《歸藏》說黃帝涿鹿之戰曾叫巫咸卜過，這恐怕也是後世所依託的。八卦的起源，既是巫者用算籌排列出來的方式，用來做事物的象徵，就和文字無關，而且巫術的盛行，恐怕就在殷時，文字久已發生，所以八卦的卦畫，決不是文字所取材的。

九　中國文字是怎樣發生的

如其我們要在古文獻裏探討文字的起源，《繫辭》作者的說法，倒是值得推許的。

> 上古結繩而治，後世聖人易之以書契。

這就是說"書契"之前，別無文字或類似的東西，話雖籠統，却也沒有可指摘的地方。

"書契"是什麽呢？歷來大家都只解釋了"書"，許叔重《說文解字序》說：

> 倉頡之初作書，蓋依類象形，故謂之文，其後形聲相益，即謂之字。文者物象之本，字者言孳乳而寖多也。著於竹帛謂之書，書者如也。

他的意思，"書"就是寫下來的文字，但是"契"呢？

鄭玄在《繫辭》裏注的是：

> 書之於木，刻其側爲契，各持其一，後以相考合。

又在《周禮·質人注》裏説：

> 書契取予市物之券也。其券之象，書兩札，刻
> 其側。

又《周禮·小宰》注裏説：

> 書契謂出予受入之凡要，凡簿書之最目，獄訟
> 之要辭，皆曰契。《春秋傳》曰："王叔氏不能舉
> 其契。"

這都把"契"跟"書"混在一起。《九家易》説：

> 百官以書治職，萬民以契明其事。

把職事分開了，可是又説：

> 契刻也。……金決竹木爲書契象。

依然混合了。《詩經》説："爰契我龜"。契只是刻的意義，羅
振玉把卜辭叫做"殷虚書契"，這也是用錯的。

"書"和"契"，本來完全是兩回事，原始人民，可以沒
有文字，但往往已經有了"契"，如：《魏書·帝紀叙》説：

不爲文字，刻木紀契而已。

《隋書·突厥傳》説：

無文字，刻木爲契。

《舊唐書·南蠻傳》説東謝蠻也是：

俗無文字，刻木爲契。

一直到近代南方的苗傜，也還有刻木爲齒的事實。可見鄭康成把"書之於木，刻其側爲契"，來解釋"書契"是錯誤的。《説文》："契大約也。"没有接觸着本義。券字注説：

契也，從刀丯聲。券別之書以刀判，契其旁。

可見契券之所以稱"契"，是因爲刻其旁，"契"字作動詞用，是刻的意義，所以《釋名》説：

契刻也，刻識其數也。

"刻"和"契"，聲相近，本是同一語言，例如：《爾雅·釋詁》"契絶也"，郭璞注是：

今江東呼刻斷爲契斷。

《吕氏春秋·察今篇》"遽契其舟"，高誘注是"疾刻舟識之"。契字也可以寫做鍥，例如《左傳》定公九年：

盡借邑人之車鍥其軸。

杜預注就説："鍥刻也。"由此我們可以知道刻木的行爲就叫做"契"，因之所刻的木也叫做"契"了。

劉熙説："刻識其數也。"這是很重要的。因爲數目在記憶上是最困難的。尤其是人們的契約關係，兩方的記憶也許不同，數目是最易起爭端的，所以得刻木來作一種信約。像非洲、澳洲的土人，常在竹木上刻條痕來記數目，這就是最原始的、最簡單的"契"。在我們古籍上所看見的材料，如：

一　《老子》："是以聖人執左契而不責於人。"

二　《曲禮》："獻粟者執右契。"

三　《易林》："符左契右，相與合齒。"

四　《列子·説符》："宋人有游於道，得人遺契者，歸而藏之，密數其齒，告鄰人曰，吾富可待矣。"

可以知道戰國秦漢的"契"，分左右兩半，而湊合的地方刻成齒形。——這種方法，也用在建築或器具，《文選·晉紀總論》説："如室斯構而去其鑿契。"五臣注："鑿契邅也。"邅即《集韻》的"槥"字。所以，"契"可以用齒的多少或大小來表示數目，本可以不用文字，等到"書兩札，刻其側"，就和"符書"或"傅別"一樣，已不是原來的"契"了。

甘肅西寧縣周家寨
所出仰韶期骨契　　　　　采《甘肅考古記》

安特生《甘肅考古記》裏，説他在甘肅西寧縣的仰韶期遺址裏，曾發現很多長方形的骨板，有些是素的，也有是刻劃過的，他疑心所刻的是原始文字。我在《殷契佚存》的序裏已指出這是古代的骨契，並不是文字。這種骨契上所刻，有兩種記數的方法。第一，就有刻齒的方法，在一塊骨板的一邊上，刻了兩個缺齒，不知道代表的是什麼，另外一塊兩邊正中都有一個缺齒，而且正相對，我疑心這是併合若干契，捆紮時的上下兩塊，這種缺齒像人的細腰，所以契券也可以稱爲"要"。

另外一種在骨契上刻的綫條，卻很像是古文字裏面的"五"和"六"兩字。因爲中國文字的"一，二，三，三"，原來都是積畫，到了五以後，卻變成兩條直綫，作種種的交叉形：

五Ⅹ　六∧　七十　八∧

由此可見古代數目本是以"四"進和"八"進做單位，而不用"五"，所以"九"字就是從象龍蛇形的字借用了。"十"字用"一"字豎起來，和"廿"等，又是四進。

十丨　廿∪　卅山　卌山

這種記數的方法，最初可能和繩子有些關係，假如用一根骨籌而把繩子橫繞，一道代表"一"，到四道代表"四"，於是用兩道作交叉形來代表"五"，歧出形來代表"六"，十字形來代表"七"，分開的兩道斜綫代表"八"。假如直繞呢，一道就代表"十"，不過從"廿"到"卅"，一面聚頭，和"一"到"四"不同。這是比較可以講得通的。

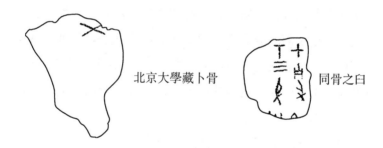

北京大學藏卜骨　　　　　　同骨之臼

現在，仰韶期的骨契，大概是摹仿這種所繞的形式而刻上去的，而我們的文字又是從骨契裏得到這些記數字。到殷虛所出獸骨裏，常見在骨臼下刻了個×字，是修治卜骨的人記數用的，可見在那時已是用"五"進了。

不過，由"契"上得來的數目字，就只有這幾個，一般人把"書"也認爲是契刻的，却是錯的。好奇者把倉頡讀成"創契"，居然會有人相信，真是咄咄怪事。他們總以爲古代沒有筆，書寫便是契刻。但從殷虛發掘出來的，却明明有書寫而未刻的卜骨，並且有朱書的玉器，很顯明的都是用毛筆寫的。在銅器文字裏也可以看見"聿"字就是古代"筆"的象形。

文字的産生，本是很自然的。幾萬年前，舊石器時代的人類，已經有很好的繪畫，這些畫大抵是動物跟人像，這是文字的前驅。但是繪畫只能描寫印象，表現自然，不能完全表現出作者的思想和感情，所以不是文字。經過很長的時期，人類由漁獵社會，進入了農業的社會，有了相當安定的居處，由小的部落積累成國家，有了劇烈的戰争，交通一天一天的繁複起來，人與人間的關係也密切起來，許多歧異的語言混合起來，有了較普通較廣泛的語言。在這個時候，有人畫出一隻老虎，任何人見了都會叫做"虎"，畫出一隻"象"，任何人見了都會說"象"，有了圖畫，加上了統一的語言，如其那時的文化已經發展到那種需要，就立刻有了文字。

子妻簠

文字本於圖畫，最初的文字是可以讀出來的圖畫，但圖畫却不一定能讀。後來，文字跟圖畫漸漸分歧，差別逐漸顯著，文字不再是圖畫的，而是書寫的。書寫的技術，不需要逼真的描繪，只要把特點寫出來，大致不錯，使人能認識就够了。

最初的文字，是書契，書是由圖畫來的，契是由記號來的。可是，單有記號，單有圖畫，都還不是文字，文字的發生，要在有了統一的語言以後。

十　文字發生的時代

《易·繫辭》說：“後世聖人易之以書契。”後世是什麼時候呢？戰國末年人把作書歸倉頡，漢初人以爲是黃帝史官。又有人說《管子·封禪》既有十二家封太山，像：無懷氏、慮羲、神農、黃帝等，可見在黃帝以前。但是慮羲、神農等傳說，都起於六國以後，不甚可靠。對於文字發生時代在文獻裏沒有什麼明確的憑據。我們要估計，還得用別的方法。

從文字本身說，我們目前能得到大批材料的只有商代的文字，這裏包括了甲骨卜辭和銅器銘文，卜辭是盤庚以後的作品，器銘卻只有少數可確定爲商末。商代文字裏還保存着很多的圖畫文字，過去有些學者因爲不容易認識這些文字，就把它們認爲是“文字畫”——類似於文字的圖畫，乃是一個很大的錯誤。因爲我們如其說商代還在文字畫時期，文字只剛在發生，那就必須說商代還是一個未開化的社會。但是，事實上，商代已有很高的文化，我們從歷史上，從遺留的實物上都可以證明。這種錯誤的觀察者，第一，忽略了一切文化中的保守性，他們不知道這些圖畫文字僅僅是局部保留下來的，並不是原始時期的。其次，他們簡直忘記了形聲文字。在卜辭裏已經有大批的形聲文字（在《古文字學導論》裏，我曾舉出許多從“斤”聲的字，在《殷虛文字記》裏，還有更多的例子），銅器文字也是如此。第一代商王的名字是“湯”，卜辭寫作“唐”，就是一個形聲字。形聲文字的産生總在圖畫文字的後面。我把有了形聲文字以後的文字，稱爲近古期，未有形聲，只有圖畫文字的時期，稱爲遠古期。那末，我們所見到的商代文字，只是近古期，離文字初發生時，已經很遥遠了。

我在《殷契佚存》的序裏還説過，《甘肅考古記》上所載的辛店期匋器所有的所謂"圖案"，實際上應該是一種文字。安特生所舉的四個圖形，馬形和商代金文最相似。馬四足，鳥兩足，好像不同，但是商銅器文字裏也還有畫兩足的鳥形。

另外一個陶尊，間雜在花紋裏的犬形，雖然還是四足，可是頭部的書寫技術，把耳朵連下顎作一筆，而把上顎連頸跟頭頸一筆，正是中國古文字的特點。羊形在圖裏不全，我們推想它應是"莧"字的本來寫法。中間還有一個六足的蟲形，是"求"字，也就是"蟊"的原始字。《説文》："蟊，多足蟲也。"或體作"蛬"，這是後人已不知道"求"字就是多足蟲的形象，所以加上虫或蚰的偏旁。《説文》把"求"字反當做了"裘"字的古文，學者間早都知道它是錯的，就只不曉得，"求"就是《周禮·赤友氏》注的肌求，也就是多足蟲的"蛷"，這個字正像"蠼螋"的形狀。

辛店期的時代，大概應相當於我們傳説中的"夏"代，或許還早。我們相信夏代一定有過很豐富的文化，可惜，我們所能看見的材料太少了。但是，只要能考出有一兩個文字，我們也很够證明在那時候已有了文字。

況且，古文字裏，獸形只畫兩條腿，側立人形和鳥形都畫一條腿，所描寫的對象是静止的狀態。由技術上説，這種古拙的畫法，比畫四條腿的牛馬，兩隻腳的鳥形還要早些。那末，辛店期匋器上所有的，似乎只是我們古代文字中的一個支系，而我們的文字發生還遠在其前。

從歷史來說，歷史是文字很發展以後纔能產生的。中國的上古史，目前雖已沒有完整的記載遺留下來，但是我們如果說距今四千年前已是有史時期，並不是過分的。卜辭裏所記先公先王，一部分是在夏時；《古本竹書紀年》《世本》《史記》對夏、商兩代的世系、年數和史事，都有過詳細的記載；春秋時銅器銘辭記載禹的功績，孔子稱述堯、舜、禹；許多虞、夏的文化，在春秋以後還保存着；這種種都可證明夏代已經是有史時期。同樣，我們可以說夏時代，文字一定已很發展。

再從曆法的發明來說：我們知道商朝盤庚以後，用的是太陰曆，有大小月，也有閏月（十三月和十四月），有六十甲子記日和記旬的方法，這已是一套很完整的曆法了。（卜辭有月食，是不是預先算出來的，還沒有證明。）曆法當然不是短期裏就能發展到這樣的。我們知道商代建丑，周代建子，而在傳說裏，建寅是夏代的曆法，所謂“三正”，孔子所謂“行夏之時”，現在我們還可以讀到《夏小正》。雖然在傳說裏還有黃帝曆、顓頊曆等，不一定可靠，但如我們相信夏代已是有史時期，就一定得說夏代已有很完備的曆法。但再望前古看呢，曆法沒有完備時，人們用的是記日的方法，和記月的方法。從甲到癸，他們認爲有十個太陽，輪流着從扶桑出來照耀人世，從子到亥，他們又認爲有十二個月亮。這種方法大概就是"羲和占日"和"常儀占月"。記日法是十日爲一旬，一月分上中下三旬，沒有大小月。十二月爲一年，又没有閏月。這種粗疏的方法，所用"十日之號"和"十二月之號"，都是原始文字，而也都是假借來的，例如"戊"跟"戌"都是兵器，"虋"和"子"都象小孩，可見這種文字遠在夏以前已經有了。

從卜辭的研究，我們知道了王亥的故事，也知道四方的名稱，就是《尚書·堯典》裏的記載，也不是虛構的。由此，我們可以推想春秋時的三墳五典八索九丘之書，也可以推想到像郯子論官裏所記的故事，也一定有些依據，像"爽鳩氏"這種氏族、地望，都是可以指出來的。而這些記載如果有些可信的話，都遠在夏以前了。

所以，無論從哪一方面看，文字的發生，總遠在夏以前。至少在四五千年前，我們的文字已經很發展了。

文字的構成

十一　六書說批判

六書是戰國末年的文字學理論，一直到西漢末年以後，纔有詳細的叙述，那是劉歆的《七略》，後來班固采錄於《漢書‧藝文志》的：

> 古者八歲入小學，故《周官‧保氏》掌養國子，教之六書，謂：象形、象事、象意、象聲、轉注、假借，造字之本也。

其次是鄭衆的《周禮‧保氏》注，鄭衆是鄭興的兒子，鄭興是劉歆的弟子，但是六書的次序名稱都和劉歆不同。

> 六書：象形、會意、轉注、處事、假借、諧聲也。

再後是許慎《説文序》，這是條例最詳細的。許慎是賈逵弟子，賈逵的父親賈徽是劉歆弟子，所以這個説法，還是本諸劉歆，不過又經過修正了。

> 《周禮》八歲入小學，《保氏》教國子先以六書：一曰指事，指事者，視而可識，察而見意，上下是也。二曰象形，象形者，畫成其物，隨體詰詘，日

月是也。三曰形聲，形聲者以事爲名，取譬相成，
江河是也。四曰會意，會意者，比類合誼，以見指
撝，武信是也。五曰轉注，轉注者，建類一首，同
意相受，考老是也。六曰假借，假借者，本無其字，
依聲託事，令長是也。

三家説法的異同是非，清代學者討論得很多，是永遠不能解決的聚訟。如其我們用歷史家的客觀的眼光來看，就另是一樣了。劉歆或班固是首先對六書加以解釋的（即使還另有所本）。照他們的説法，六書是造字之本，也就是造字的六種方法。象形、象意、象聲三種，本已包括了一個字的形、音、義三方面，不過他們把圖畫實物的文字，和少數記號文字分開，所以多出了一種象事。至於轉注和假借，實在只是運用文字來表達無窮的語言，跟產生新文字的方法，他們混合在一起，就和詩有六始，把"風雅頌"跟"比興賦"混在一起是一樣的。

鄭衆和許慎，無疑地都是修正劉説的。《後漢書・鄭興傳》：

世言《左氏》者多祖興，而賈逵自傳其父業，故有鄭、賈之學。

《周禮》和《左傳》都屬古學，所以這兩個六書説的不同，顯然就是鄭學和賈學的不同。關於名稱的修正，兩家比較相近，

他們都只保留象形的一個“象”字，而把其餘的三個改去了。除了會意，兩家所改相同外，一個是處事和諧聲，一個是指事和形聲。關於次序，却很不同。鄭氏似乎把象形、轉注、假借，作爲三種造文字的方法，除了象形同時就是文字外，還有會意、處事、諧聲三種文字。學者都說鄭氏次序是錯的，只有葉大慶《考古質疑》說：

> 古人制字，皆有名義，或象形而會意，或假借而諧聲，或轉注而處事。

用這個說法。許氏的意思，大概依照發生的前後來排列的。《說文序》又說：

> 倉頡之初作書，蓋依類象形，故謂之文，其後形聲相益，即謂之字，字者，言孳乳而浸多也。

他顯然把“依類象形”，跟“形聲相益”來劃一個界限，一曰指事，二曰象形，都是“文”；三曰形聲，四曰會意，都是“字”。再加上了轉注和假借兩樣方法，把六書分成三類。後來徐鍇所謂“六書三耦”，我們可以說就是許叔重的原意。

許叔重雖則分別出文跟字的前後，可是意義還欠明了。他說：“其後形聲相益，即謂之字。”是說倉頡自己呢？還是說倉頡之後呢？如果我們懂得漢人說話的心理，就會知道“其後”兩字，實際是說後世，“形聲相益，即謂之字”，決不是倉頡自己益的。因爲漢朝人一説到"字"，在他們心目中就是後起的，所以鄭玄説："古曰名，今曰字。"但是許氏序裏，"文"跟"字"的界限，並不處處謹嚴，後人容易誤會，所以常有人根據他的説法，説形聲會意，都是倉頡造的。更常有人誤解六書是倉頡造字的六種法則，就是造字的最原始法則。像江聲的《六書説》就以爲六書是"不始於周，而始於造字之初"，陳澧《書江艮庭徵君六書説後》説：

> 戴東原謂指事、象形、形聲、會意，四者爲字之體，轉注、假借，二者爲字之用，段懋堂謂宋以後言六書者不知轉注假借所以包括詁訓之全，乃謂六書爲倉頡造字六法。如江氏之説，則轉注誠造字之法，而非詁訓。又假借如本有正字，而經典相承用假借字者則用字之法，若西字來字本無正字，假借鳥栖來麥之字，安得謂非造字之法乎？則謂六書爲造字六法，又可譏乎？

這種過分的推之於古的辦法，其實並不是許氏的本意。

從班固、鄭衆指出了六書的名目後，到許慎纔建立了義例，這是一個很重要的發展。有了義例，六書説纔能成立。而且，從許慎到現在，一千八百多年，人們所研究的六書，至多只能作小部分的修正，大體上沒有變動。

因爲許氏給與六書的界説過於簡單而不能確定，所舉的例，每一條又只有兩個字，所以後來人的解釋，人各一詞。六書之學，簡直可以汗馬牛，充棟宇，在這裏，我們不想作詳細的討論。我現在想指出的，只是許氏的義例的本身問題。

首先是指事，許氏舉的例是"上""下"，他的本意是很清楚的。指事文字原來是記號，是抽象的，不是實物的圖畫。這些記號可能在文字未興以前，早就有了，在文字發生時，同時作爲文字的一部分，所以許氏的意思，它們是在象形文字以前的。圖畫跟記號，究竟哪一樣在前，我們且不去討論。由我們現在看來，這種記號引用到文字裏，它們所取的也是圖畫文字的形式，所以依然是圖畫文字的一類，也就是象形文字。我們看見"一"字，就讀出數目的"一"，和看見"虎"字就讀出"虎"字是一樣的。所以我們無需單爲抽象的象形文字獨立一類。

在會意下，許氏所舉的例是"武""信"，"止戈爲武"見於《左傳》，"人言爲信"見於《穀梁》，似乎是很有根據的。但從現在的眼光看，這種說法都是錯誤的。古文字只有象意，沒有會意。象意字是從圖畫裏可以看出它的意義的。"武"字從戈從止，止是足形，我們決不能把它當做停止的意義，因爲停止的意義，在圖畫裏是沒有的。"武"字在古文字裏本是表示有人荷戈行走，從戈形的圖畫，可以生出"威武"的意義，從足形的圖畫裏，又可以看出"步武"的意義，可是總不會有"止戈"的意義。至於"信"字，只能是從言人聲的一個形聲字。

"比類合誼，以見指撝"，這種會意字，在秦以前的古文字裏，簡直就没有看見過。戰國末年，就當時所見錯誤的字形而作的杜撰的解釋，漸漸地多起來，如："自營爲私，背私爲公"，"一貫三爲王"，"推十合一爲士"，"刀守井爲荆"，以至於人藏禾中爲秃等，從古文字學來看，没有一條是對的。許氏把"會意"放在"形聲"後，顯然，他認爲這種方法是後起的，只是他看不見更好的古文字材料，對許多迂曲荒謬的解釋，也只有接受，就是這樣，《説文》裏的會意字，也還不很多。

不過，理論有時也會影響到事實，像兩男夾一女的"嬲"字，在《三倉》和嵇康《絶交書》裏已發見了。"追來爲歸"，"小大爲尖"，"四方木爲楞"，"大長爲套"等等，新的會意字陸續製造出來，可是要比形聲字，數量依舊極微細。這種新字，雖然只是兩個字義的會合，用的只是些記號，和圖畫文字不一樣，也總還是象意字的一種變型。

轉注是問題最多的一個名目，許氏説："建類一首，同意相受。"舉的例是"考""老"，《説文》訓"考"是"老也"，訓"老"是"考也"，所以"同意相受"是容易解釋的。"建類一首"，却很麻煩。裴務齊的"考字左回，老字右轉"，固然是笑話，有些人把釋詁來解釋轉注，忽略了字形，以爲建類一首不是部首（雖然考字在老部），恐怕也不是許氏的本意。有人以爲"考"跟"老"只有聲音的關係，有人以爲"考"跟"老"只是互訓的關係。總之，這條的界説不清楚，例子也不好，所以愈討論愈糊塗。

"假借"照理説是很容易講明白的，許叔重所謂"本無其

字，依聲託事”，解釋得很好。可惜他把例舉錯了。他所舉
“令長”二字，只是意義的“引申”，決不是聲音的“假借”。
像：“隹”字爲鳥形的借爲發語辭，“其”字爲箕形的借爲代
名詞，這纔是真正的假借。

　　許氏六書説，在義例上已有很多的漏洞，在實用時，界
限更難清晰。許慎自己在《説文解字》所收的一萬多字裏，
就沒有徹底去分過類，一直到宋代，鄭樵纔替他做了這工作，
《六書略》説：

　　　　六書無傳，唯藉《説文》，然許氏惟得象形諧聲
　　二書以成書，牽於會意，復爲假借所擾，故所得者
　　亦不能守焉。

其實《説文》裏有清晰的界限的，只有形聲一類，可是有一
部分“亦聲”的例子，依舊和會意有些牽纏。

　　鄭樵《六書略》用許慎的理論，作許氏的諍臣，以子之
矛，攻子之盾，確有許多創獲，在文字學史上是值得推許的。
可惜他還是給許氏的義例縛住了，沒有看見它本身的缺點，
因此，在不容易分類時，只好用“聲兼意”一類遷就的辦法，
一個文字就同時可兼兩書了。鄭書分類很龐雜，由六書來説，
他的分類是：

　　象形
　　形兼聲

形兼意
　指事
　　　事兼聲
　　　事兼形
　　　事兼意
　會意
　轉注
　諧聲
　　　聲兼意
　假借

實際上是十二類。其實，用這個方法，除去轉注假借外，每一類還都可以兼其餘的三類，如：

　象形　兼事　兼意　兼聲
　指事　兼形　兼意　兼聲
　會意　兼形　兼事　兼聲
　諧聲　兼形　兼事　兼意

不過形兼事和事兼形之類，似乎是一樣的，所以鄭氏沒有這樣分。

　　這種分類，和六書說的基本思想不合。假使象形是原始文字，就不應該兼聲，諧聲文字又本來就兼了形，形兼聲在理論上就講不通。凡是分類，需要精密而無例外，要是分爲四類，而每一類依舊得牽纏其餘三類，這種類就大可以不必分。可是由於六書本身的缺點，這種分類法從宋朝到現在，大家都還沿用着。不過分的方法不盡一樣，有時一個字還可以兼三書四書，像朱駿聲的《說文通訓定聲》多分出七類，就有一類是會意形聲兼象形，王筠的《說文釋例》多分出十三類，有一類是指事兼形意事聲。有些人又把形兼事跟事兼形之類都分開，有一位自作聰明的學者，竟把六書仿八卦，成爲齊齊整整的六六三十六類了。

十二　三　書

　　如果研究文字學的目的，只在佞古，我們當然不可以輕易去議論"六書"，江艮庭輩所謂始於造字之初的"六書"。但是六書說能給我們什麼？第一，它從來就沒有過明確的界說，各人可有各人的說法。其次，每個文字如用六書來分類，常常不能斷定它應屬哪一類。單以這兩點說，我們就不能只信仰六書而不去找別的解釋。據我們所知，六書只是秦、漢間人對於文字構造的一種看法，那時所看見的古文字材料，最早只是春秋以後，現在所看見的商、周文字，卻要早上一千年，而且古器物文字材料的豐富，是過去任何時期所沒有的，爲什麼我們不去自己尋找更合適更精密的理論，而一定要沿襲秦、漢時人留下來的舊工具呢？

　　我在《古文字學導論》裏建立了一個新的系統，三書說：

一　象形文字。

　　二　象意文字。

　　三　形聲文字。

象形象意是上古期的圖畫文字，形聲文字是近古期的聲符文字，這三類可以包括盡一切中國文字。雖則因爲我們的歷史太長，文字的來源很多已不清楚，寫法也日趨單簡，有些簡直像是記號，但總還不是記號文字。至於純粹拼音的聲符文字，在最近期内恐怕還不能成爲主要的文字。

　　象形文字畫出一個物體，或一些慣用的記號，叫人一見就能認識這是什麼。畫出一隻虎的形象，就是"虎"字，象的形狀，就是"象"字，一畫二畫就是"一二"，方形圓形就是"□○"。凡是象形文字：

　　一　一定是獨體字。

　　二　一定是名字。

　　三　一定在本名以外，不含別的意義。

例如古"人"字象側面的人形，一望而知它所代表的就是語言裏的"人"，所以是象形字。古"大"字雖則象正面的人形，但是語言裏的"大"，和人形無關。我們可以推想，古"大"字是象大人的意義，因爲小孩子總是頭大，身體的比例小，而大人則身體的比例大了，頭反覺得小了，所以，大人的"大"是由小子之"小"，比例得來的。由大人的"大"，又引申做一般的"大"，這個字已包含了人形以外的意義，那就只是象意字。凡是象形文字，名和實一定符合，所以我又把它們叫做"名"。

象意文字是圖畫文字的主要部分。在上古時期，還沒有發生任何形聲字之前，完全用圖畫文字時，除了少數象形文字，就完全是象意文字了。象意文字有時是單體的，有時是複體的。單體象意文字有些近似象形文字，不過象意字注重的是一個圖形裏的特點，例如古"尸"字象人蹲踞，就只注重蹲踞的一點，"身"字象人大腹，就只注重大腹的一點，此外可以不管，這是象形字和單體象意字的分別。複體象意文字有些近似形聲文字，不過象意字的特點是圖畫，只要認得它原是圖畫文字，從字面就可以想出意義來，就是象意文字。即使它們後來已歸入形聲文字的羣裏，我們也依然叫做象意文字（當然有些文字絕對不會誤認爲形聲的）。象形和象意同是上古期的圖畫文字，不過象意文字，不能一見就明瞭，而是要人去想的。有些象意字，只由於習慣的用法，解釋起來相當地困難。例如"莫"是古暮字，象太陽在叢莽中，爲什麼一定是黃昏時候，而不是早上呢？可是古人就用這幅圖畫來代替這個語言，這就是"約定俗成"。上古的象意字，相當於近古的形聲字，數目是很多的，"物相雜謂之文"，所以我又把它們叫做"文"。

形聲字的特點是有了聲符，比較容易區別。不過有些聲化的象意字，雖然也併在形聲字的範圍裏，就它原是圖畫文字的一點，我們依舊把它列入象意字。有些形聲字因爲聲音的變化，已經很難認出它諧什麼聲，例如："梓"字從辛聲（《說文》從宰省聲，其實宰字也從辛聲。又"亲"字從辛聲，"亲"跟"梓"是一聲之轉），"好"字從子聲（卜辭用爲殷人子姓的子，可見本讀爲子），雖然由目前的聲韵學看來不很像，可是從字形方面，不能找出解釋，也依然是形聲字。真正的形聲字都是近古期的新文字，是用聲符的方法大批產生的。《說文》說："形聲相益，即謂之字，字者言孳乳而浸多。"所以我們就把形聲叫做"字"。

象形、象意、形聲，叫做三書，足以範圍一切中國文字，不歸於形，必歸於意，不歸於意，必歸於聲。形意聲是文字的三方面，我們用三書來分類，就不容許再有混淆不清的地方。假使單從名稱上看，我們的三書有些近於劉歆、班固，不過沒有要象事，因爲這只是象形的一小部分。也沒有用象聲，而采用許慎的形聲，因爲純粹的象聲文字，事實上是沒有的。如其象實物的聲，例如"烏"這個語言，象烏鴉的噪聲，可是寫出來的"烏"字只是象形字。假如這個語言是圖畫所畫不出來的，就只好用假借的方法，找一個聲音相同的文字來替代它，這倒是"象聲"，但又是"本無其字，依聲託事"了。所以一稱"象聲"，便無文字。除非後人在這個假借字上加上偏旁，纔可以變爲新文字，可是只要一加偏旁，又是形聲字了。

在實際上，我們的象形，不是一般的所謂象形，我們的象意，更不是一般的所謂會意。以前所謂六書，不能範圍一切文字，因之，要有兼兩書兼三書的字，名爲六書，至少要分十多類，分法也各人不同。現在，三書可以包括一切中國文字，只要把每一類的界限、特徵，弄清楚了，不論誰去分析，都可以有同樣的結果。

十三　圖畫文字

從李騰寫《說文》部首而稱爲《說文字原》以後，一般人往往認五百四十個部首爲字原，有些人拿來教學生，以爲只要認識這五百四十個基本字，就可以認識一切的字了。章太炎的《文始》，大體也是根據部首，找出了初文和準初文一共五百一十個，從字音的衍變來解釋一切文字，以爲都起源於這五百多個文字。

這種學說的立足點是非凡脆弱的。《說文》部首很靠不住，有些字是壓根兒沒有的，例如“丿乀”之類，正和梅鼎祚《字彙》裏的“亠”字（徒鉤切）一樣，只爲分部而杜撰出來的。有些只是形聲文字，如：“蓐”跟“犛”之類。《說文》部首，根本不是字原，也不能在那裏去找初文，這種研究，是徒勞無功的。

真正的初文，應當是象形文字，由象形文字，可以分化成單體的象意字，也可以成爲複體的象意字，更可以加上形符或聲符而成爲形聲文字，一切文字沒有象形文字作根據，就寫不出來。

象形文字是“名”，“名”有兩種，抽象的是“玄名”，實體的是“實名”。在語言裏，實名不容易表達出來，除了擬聲方法外，只好用比方。凡是圓的東西，語言裏就往往用圓的聲音，像："環""丸""宛"等，在文字裏雖然寫得不同，在語言裏本來只有一個語源。因爲像："方""圓""大""小""長""短""高""低"等各種抽象的觀念，在語言裏倒是不會覺得困難的。

在文字裏，大不相同，比較容易畫出來的，還是實名，玄名是很有限的。除了數目字別有來源以外，像"上"和"下"，"方"跟"圓"（□○）之類，可以畫出來的，寥寥可數。

有些學者總想從一點一畫上去尋討文字的根源，鄭樵的《起一成文圖》説：

衡爲一，從爲丨，邪丨爲丿，反丿爲乀，至乀而窮。折一爲乛，反乛爲厂，轉厂爲乚，反乚爲⌐，至⌐而窮。折一爲乛者側也，有側有正，正折爲∧，轉∧爲∨，側∨爲∨，反∨爲∨，至∨而窮。一再折爲冂，轉冂爲凵，側凵爲匚，反匚爲コ，至コ而窮。引而繞合之，方則爲□，圓則爲○，至○則環轉無異勢，一之道盡矣。

如其文字的起源，真是這樣機械，一切文字就都可用公式來替代，文字的歷史就簡單多了。可是鄭樵所舉，大都不成字，這種系統，沒有事實的根據，只是一種玄想罷了。

父癸鼎　刀爵　剛爵從二刀形　亞獸鼎

《鐵雲藏龜》拾遺十葉　妣己觶　盂鼎歪字

象形文字是由圖畫演化來的，每一個圖畫文字的單位，原本是一個整體，並不是由一點一畫湊起來的。例如"刀"字的古文就畫一把刀，"止"字的古文，就畫一個脚印，從什麼地方能把它們分析成一點一畫呢？不過文字往往傾向到簡易一方面，尤其是契刻，綫條比肥筆簡易得多，所以後來肥筆大都變成綫條，實體大都變成匡廓，到了卜辭裏，綫條已占優勢，到籀文小篆，字形逐漸固定，筆畫更加整齊，就慢慢地走上可以用點畫來分析的路，中國文字也就好像是一堆記號了。

用點畫來分析文字，顯然是很晚的事情，不過學者由後證前，看慣了後起的綫條型的文字，就容易想到這一個方法。並且《説文》的編次，始一終亥，從來都認爲是有意義的。一字注：

惟初太始，道立於一，造分天地，化成萬物。

和伏羲畫八卦，《老子》所謂"一生二，二生三，三生萬物"等故事連合起來，使人認爲一切文字都起於"一"字，鄭樵等的文字一元論，就是由這種謬誤的思想產生的。

近時學者更想在古文字裏找出公式化的筆畫，小點代表什麼，十字形代表什麼，交叉形又代表什麼。可是，古文字本沒有固定的筆畫，像："周"字古作𠙹，在空隙處偶然也加上了點。"西"字古作🝱，交叉形有時就寫作十字形。而且，每一種筆畫也沒有固定的意義，例如"金"字所從的點，不管是土壤或金屑，總和"雨"字裏的水點不同。"鬼"字頭上的十字形，是隱約的面容，和"東"字腹上的十字形，代表囊橐上所縛的繩索也不同。在古代人隨便畫的圖畫文字裏，要想找尋現代人心目中的基本筆畫，和文字一元論的錯誤是差不多的。

學者間更大的錯誤，是把圖畫文字說做文字畫。我們說圖畫文字，是用圖畫方式寫出來的文字，如照沈兼士先生等的說法，叫做文字畫，則只是近似文字的圖畫，還不能算是文字，兩者間的區別是很大的。

古文字研究是從宋人開始的，他們的主要根據是《説文》，但因許慎沒有看見過戰國以前的文字，又因爲他雖說到鼎彝而沒有著録一個字，所以宋人所能認識的古文字，都是和《説文》系統接近的文字，古一些的商周文字，就完全沒有辦法，免不了有以意爲之的地方。薛氏《鐘鼎彝器款識》在子孫父己彝下引吕氏《考古圖》説：

　　銘文純作畫象，蓋造書之始，其象形如此。後世彌文，漸更筆畫，以便於書。其文有若大小人形者，蓋謂孫與子也，小者孫，大者子。

今本《考古圖》不載。《考古圖釋文》在析字下注：

李陽冰云："木右爲片，左爲爿，音牆"。《説文》無爿字，牀牆牀之類皆從爿，則此字有析木之象，當爲析。父己人形彝有非字，皆有大小人形，不知何義。竊意非字或亦鼎字省文。

又在卷末象形欄裏畫出所謂大小人形，並没有説到孫與子，和薛氏所引不同。《考古圖》板本很多，薛氏所引和今本不同，許是後來改定的説法。我們看吕氏在《釋文》裏首先把父己人形彝裏的非字釋作古猛反的卝字，而在析下又説或亦鼎字省文，可見他漫無定見，只在那裏瞎猜。析、孫、子三字釋文，本非定論，中間一形，明明是子，偏説做孫，尤其可笑。不過總還是子抱孫，後來改爲析子孫，子字是對了，可就成了孫抱子了。這種本來糊糊塗塗的釋文，焉知後來馬馬虎虎地用了八百年呢。

把大、黽二字釋做子孫，中字釋做旂形或斿形，酳字釋做架上三矢形，尊形跟綦形，都由於没有認識這些字（大字應該是可以認識的）。這一類不認識的字，到容庚附録在《金文編》後邊，大都也就是一般人所謂文字畫。

文字畫的名稱，大概是沈兼士先生創立的，他說：

　　到了銅器時代的後期，文字畫的形式，似乎漸漸地蛻化成爲象形文字。我們試看商代彝器的刻辭，不是已經有了直接而且顯明的表示語言之文字嗎？其中雖然夾雜些……等文字畫的遺形，但其作用，似已消失，不過當作一種裝飾的圖畫而已。（甲骨卜辭，雖然也是商代的東西，但是因爲不像鐘鼎彝器那麼有裝飾的必要，所以就不用圖案化的文字畫了。）這種文字畫，其簡單者，後來也有徑變作象形文字用的，但是鐘鼎家往往喜歡把一切文字畫的遺形，都要牽強附會，認爲某字某字，這却是強作解人了。　　　　　　　　——《文字形義學》九葉

沈氏所謂文字畫，本是"在文字還沒有發明以前，用一種粗笨的圖畫來表現事物的狀態、行動並數量的觀念"，這種形式，怎麼能蛻化做象形文字呢？他並沒有詳細説明。我們推想他所以作此説的主要原因，還是受《説文》的影響太深，認爲象形文字只是那些綫條式的簡化過的文字，對於這種比較近於原始的圖畫文字就只好認爲文字未發明以前的文字畫了。他又説：

　　文字之形式，直接與繪畫成爲一個系統，證之於埃及文字畫，巴比倫亞叙利亞楔形文字，中國古代鐘鼎款識中留存之圖案化的文字畫，及六書中之

象形文字，莫不皆然。　　　　　　　　──同上八葉

又把埃及古文字稱爲文字畫，也是錯的。因爲文字畫一個符號包括很多的意義，也沒有一定的讀法，並不是可以分析做一個字跟一個字的，印第安土人是在這種階段的。至於埃及文字，每個字都已可讀，也應當是圖畫文字而不會是文字畫了。沈氏承認商代彝器已有直接表示語言的文字，而把那些前人不認識的字歸之於文字畫的遺形，是一種裝飾的圖畫，他却不想在一篇銘誌文字裏只能有圖案化的文字，怎麼會攙入了"裝飾的圖畫"呢？他説甲骨卜辭不用圖案化的文字畫，但據我們所知，他所舉的三個例子，前兩個正都見於甲骨卜辭。第一個是"橐"字，和安陽所出的銅器文字正同，都是把形符爿或牀省略了的。第二例是亞醜兩字的合文，卜辭裏有醜字，把一個或更多的字寫入亞字或別的文字的裏面，更是商、周器銘裏所常見的。

　　文字畫的理論是不徹底的，繁複一些的不容易認識的圖畫文字，便被認爲文字畫，簡單而可認識的，就是文字。沈氏把文字分爲四級：

　　　一　文字畫
　　　二　象形文字
　　　三　義字
　　　四　表音字

在象形文字裏又分兩類，一類是寫實，一類是象徵。他説寫實一類的形式和文字畫有密切的關係，"其不同之點，即筆畫漸變簡單，結構漸成定形而已"。究竟要簡單到怎麼樣程度，是怎樣的一個定形，纔是象形字呢？是不是以綫條型爲簡單，以《説文》所録的小篆爲定形呢？這個界限本就不好定。所以容庚的《金文編》裏有些字（像"咸""集"之類），都是近於圖畫的文字。後來有人替王辰編《續殷文存》，纔大膽把一切近於圖畫的文字都算是圖繪而不算是文字，徹底倒是很徹底，只是一切簡單不過的文字如"大"字、"魚"字，也都重新列在形聲還未固定的圖繪項下去了。

其實對於圖畫文字，吕大臨的看法是很對的。他説"造字之始，其象形如此"，那就是原始的圖畫文字，"後世彌文，漸更筆畫，以便於書"，那是由於文字簡化，整體的圖形，變爲綫條式的筆畫，兩者之間本是不可隔絶的。主張文字畫的人，不知道象形字就是圖畫文字，從繁到簡，從流動到比較固定，都是一種歷史的過程，不能劃分的。他們忽略了歷史的聯鎖，就把早期的文字誤認爲文字未發生以前的圖畫了。他們往往把字形不固定，字音不固定爲口實，説商代文字是没有凝固的文字。不懂得文字的形體、聲音、意義，都是永遠在流動的，自來就没有凝固過。況且他們也没有想一想商代的文化發展的程度怎樣，是不是離文字發生時期很近。在我們，甚至於不需要任何證據，只要一瞥商代輝煌的文化，就不會説那時人還在寫没有發明文字以前所用的文字畫的。

十四　象 形 文 字

前人對於象形文字，分類的方法很多，除了那些很不合理的分法外，大體還有三種：

一　由象形字所象來分類的　鄭樵把象形字分成正生和側生兩類：

正生　分：天物、山川、井邑、草木、人物、鳥獸、蟲魚、鬼物、器用、服飾等十類，都是象實物的字。

側生　分：象貌、象數、象位、象气、象聲、象屬六類，都是抽象的名字，也有是託名標識字。

二　由象形字兼別類字來分類的　鄭樵叫做兼生，有"形兼聲""形兼意"，連純象形是三類。朱駿聲還有象形兼指事、會意形聲兼象形等。

三　由象形字構造性質來分類的　段玉裁把象形字分做獨體象形、合體象形兩類。王筠《説文釋例》，分象形爲正例、變例兩類。朱宗萊《文字學形義篇》分做純象形、合體象形、變體象形三類。

象形在舊六書説裏本應該是容易分析的一類，但我們看這些前人的分類，依然要感覺到眩惑。

在三書説裏，象形的界限是最謹嚴的，我們所謂象形文字，只限於段玉裁所謂獨體象形一類，這就是王筠把它叫做象形正例，朱宗萊所謂純象形的一類。這裏既沒有什麼合體跟變體，也不取什麼兼聲和兼意，所以，前面所舉第二第三兩種的分類方法，是用不着的。

我們所需要的，只有第一種分類方法，不過，鄭樵所分太雜亂了，現在只分四類：

一象身　就是鄭樵所謂"人物之形"，《繫辭》說："近取諸身，遠取諸物。"畫圖的人對於自己這一類描寫得很多，所以五官四肢等幾乎每一部分都有象形字。

二象物　包括鄭樵所謂"天物之形""山川之形""草木之形""鳥獸之形""蟲魚之形"等類，凡是自然界的一切，只要能畫出來的象形字，都屬於這一類。

三象工　人類的文明，是建立在發明工具上的。遠在舊石器時期（如周口店猿人），就會製造工具，所以我把一切在人類文明裏利用自然界萬物所製成的器物都列入"象工"，這裏包括了鄭樵的"井邑之形""器用之形""服飾之用"等。

四象事　這一類就是班固的象事，也就是許慎的指事。因爲這一類文字所畫的都是抽象的形態、數目等，沒有實物，所以前人要在象形外另列一類。許氏舉"上下"二字爲例，鄭樵已把它們歸入象位了。鄭樵雖把指事字解釋錯了，但把象貌、象數、

象位諸類，都認爲是象形字，却是很對的。我們認
爲玄名、實名同是象形，其間界限，不容易分析。
方形的□，是虛象，井字跟田字是實象，如但就圖
畫的技術説，方形和井形、田形有什麼不同呢？

凡是象形字，雖則都是原始字，可是它們的發生時代不會一樣，
兕和象的圖畫，也許兩萬年以前就有了，"㫃"字象旗形，"鼎"
字象鼎形，就一定要文化較高的時候纔發生，那就晚得多了。

有許多人也許要懷疑，象形文字和象意文字，既然同是
圖畫文字，爲什麼一定要分兩類呢？我們的主要目的，當然
在用象形文字來統攝一切的文字。但從圖畫的發展來看，象
形字的起源，也該比象意字早。最古的洞穴藝術，只畫
出（或刻出）動物的絶對投影，它們是在靜止的狀態下，所
以四足的動物，總只畫兩足，我們的文字，就是如此。洞穴
圖畫裏所常見的有野牛、大象、馴鹿、馬、野豬等，而我們
的原始文字，也以這些動物的象形字爲最多。例如"象"字，
在西班牙一個洞裏用紅赭石塗畫的一幅單彩畫跟我們的銅器
文字，正是一個很好的對照。

西班牙桑唐德省卡斯梯羅洞畫
采裴文中《舊石器時代之藝術》

象且辛鼎

《韓非子·解老篇》説：

> 人希見生象也，而得死象之骨，按其圖以想其
> 生也，故諸人之所以意想者，皆謂之象也。

韓非生在戰國末年，北方已經看不見象了，因而他把"象"字解釋做想象的語根。其實，"象"作想象解是很晚的。在古書裏的"象"字都用作效法形狀的意義。《説文》把"象形"解釋做"畫成其物"，《書·咎繇謨》説："予欲觀古人之象。"都是圖像。《易·繫辭》説："象也者像此者也。"又説："見乃謂之象。"正和韓非所説相反。我以爲"象"字的語源，應該是圖象、形象、象似，原始人類把大象描畫下來，別人看見了都知道是"象"，這"像"的語言就流傳下來了。象是這類動物中最大的，也是最容易畫的，恐怕是古人最早選擇的畫範，所以這一個語言就和這個動物發生了這樣密切的關係。

總之，每一個象形文字，可以分化出很多的文字，它雖和獨體象意字相仿，可總比後者發生得早，由於歷史的看法，我們也應該把它們區別成兩類。

十五　象意文字

如果我們簡單地説，文字等於圖畫加上語言，那末，一部分象形文字在兩萬五千年前的舊石器時代，就可以算是發生了。因爲那些住在巖窟裏的原始藝術家，當然能使用少數

語言，當他們畫出了一隻象，而又能把它叫做象，那末這個象的圖畫，應當就是文字了。但是事實上還不能叫做文字，因爲這一類單純的實物圖畫，數目並不太多，不能代表一切的語言，他們根本不會想到使用這些圖畫來代表語言。

真正的文字，要到象意文字發生纔算成功的。在圖畫裏我們可以把複雜的事物畫出來，但所畫的只是一刹那的境象，不能够清清楚楚地講出一個故事的始末。在語言裏，和圖畫正相反，它可以把一件具有時間性的故事，從頭至尾，原原本本，叙述出來，可又不能給人以同時所發生的各種印象。在人類進化到有廣大的國家，統一的語言，而一般人希望把語言用圖畫的方式記錄下來時，文字就發生了。

采《人類史話》

在巖窟藝術裏要描寫出一個射鹿的故事，一個人手裏張弓搭箭，射一隻迎面而來的牡鹿，要是用簡短的語言叙述出來，就是“人射鹿”，要把語言改變爲文字時，人和鹿都有象形字，我們只要把彎弓搭箭去射的一點分析出來，就成爲“射”字了。從這個圖裏面，我們把它分析做單位，也就是三個文字了。這個圖畫中的片段，“射”字，就是象意文字，我們可以把它用在任何地方，不論是射人、射馬、射虎、射狼，因爲這只是行動裏的一個單位。這字包括一隻手，一張上了弦的弓，一枝箭，但只表現了一件事，一個意義。

如果我們想把這個故事説得更詳細些，所射的是一隻鹿，就可以把數目字加進去。如果要説大鹿，就和圖畫不同。圖畫裏鹿的大小，可從人形比例看出來，在語言裏，"大"跟"鹿"，各自成一個單位，所以得另外寫上一個"大"字，"大"的形狀是畫不出來的，就只好把大人的"大"，當做一般的"大"了。又如果要説牡鹿，在圖畫裏，除了用角形表示外，還可把鹿身上的生殖器描寫出來，到語言裏又是兩個單位，因而把牡牛的"牡"，引申做一般的"牡"了。"大"和"牡"，都是象意文字。

"大"字畫正面的人，在圖畫裏跟畫側面人形的"人"字是不應該有區別的，例如"龜"字就有正面側面兩樣畫法。但在文字裏，這個正面的人形就不當作"人"而當作大人，也就引申作"大"的意義，所以只有"人"字是象形，而"大"字却是象意字了。"士"字古作⼟，本象陽性的生殖器形（高本漢等把祖字的古文"且"，説是生殖器，是錯的。《説文》"推十合一謂之士"，當然是後世附會的説法），是象形字，"牡"字畫一個牛頭，旁邊有一個生殖器，表示這是牡牛，又引申做一般的"牡"，就是象意字了。

象意文字是這樣被創造出來的，由於記錄語言的需要，在可以畫出來的名字（即象形字）之外，每個表示動作跟表示區別的字，都盡量在圖畫中找出一個單位來做代表。這些單位，有時是單體的，如：爬在地下的人是"匕"字，跪在地下的人是"卩"字，有長頭髮的人是"長"字，有大肚子的人是"身"字。有時是複體的，如：人荷戈是"戍"字，用戈斫人是"伐"字，把孩子盛在箕裏扔出去是"棄"字，把孩子留養在家裏是"字"字。單體的是單體象意字，複體的是複體象意字。兩個以上的同樣形體，如其是一個不可分的單位，例如："晶"（古星字）便還是象形字，要是用獨體字累積起來的，如："艸卉"的單體是"屮"，"林森"的單體是"木"，"从夵"的單體是人，那便是重體象意字。

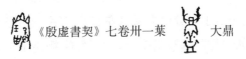 《殷虛書契》七卷卅一葉　　　　大鼎

在聲符文字未發生以前，圖畫文字裏只有極少數的象形，此外，就完全是象意字了。象意字往往就是一幅小畫，像："璞"字本畫出一座大山的腰裏，有人舉了木棍把玉敲下來放在筐子裏。"鑄"字本畫出兩手捧一個鬲在鑪火裏烘烤。但是，文字跟圖畫究竟有時不同，所以有些畫法是極簡單的，畫一個眼睛就可以代表有人在瞧（如"相"字），畫一張嘴，就可以代表有人在説話（如"問"字），畫一個腳印，就可以代表有人在走路（如"武"字），傳的久遠一些，寫的更簡單一些，人們把原來的意義也忘了，就有"止戈爲武"一類的新説出來，時代愈久，新説愈多，又有許多新字是依據這種新説的原則推演出來的，本來用圖畫表達的象意字，現在變做用兩個或更多的文字來拼合，這種變體象意字，便是前人所謂"比類合誼"的會意字了。

十六　六　　技

象形字是圖畫，但是可以畫出來的東西是有限量的。象意字還是圖畫，用以表達一切事物的動作和形態，但是能畫得出的，也有限。我們知道凡是文字建築在圖畫上的，文字的形式總有限，決不能適應語言的需要。

原有文字不够用，第一個辦法是創造新文字，這是"分化"。同是一隻手，分成ナ又（左右）二字，後世許多文字用這個例，如"行"字變爲彳亍，"子"字變爲孑孓，"言"字變爲言訁，"兵"字變爲乒乓，這是一種方法。"見"字眼望後看就變成"艮"（眼的古文），望上看就變成"望"（望的古文），望下看就變成"臥"（臨和監字都從臥），這又是一種方法。有了"又"字，又有"手"字，有了"止"字，又有"足"字，有了"彳"字，又有"夂"字，有了"𠂆"字，又有"久"字，有些是故生分別，有些是誤爲兩歧，這又是一種方法。

文字形體的"分化"，相當於語言意義的"引申"。中國語言，因爲音節短，語言的數量有限制，"引申"的方法用得最廣，例如："一"，本是一個數目，我們可以用作第一（如一號門牌）、每一、某一、別一、偶一、略一、獨一（如"一夫紂"即"獨夫紂"）、整個（如一國）、專一（如一心）、統一（如"孰能一之"）、一樣（如"其揆一也"）等種種的意義。又如說："人"本是指"萬物之靈"的一物，可以作"衆人"講，也可以作"別人"講，也可以作"人民"講，也可以作"人道"講。所以語言不多而包含的意義無窮。在文字裏，承受了語言中這一個方法，就可以不必增加很多的新字。朱駿聲《説文通訓定聲》説：

> 轉注一字具數字之用，而不煩造字。

又説：

> 轉注者，體不改造，引意相受，令長是也。

他所謂"轉注"，實際只是"引申"，"引申"的結果，有時也和形體有關，例如："隻"字本是古"獲"字，象手裏捕獲一隻鳥，後來引申爲捕獲一隻鳥是"隻"，捕獲兩隻鳥是"雙"，再引申而把"隻"代表"單"，"雙"代表"兩"，於是捕獲的意義，只好用從犬隻聲的"獲"字了。但是這種"引申"，總是語言先變，文字是追隨着語言的。

　"引申"是不需要新文字的，可是要在固有文字裏有憑藉纔成。如其在語言裏原只代表一些聲音，像：感歎語的"烏虖"，發語的"粤、若"，代名的"朕、余"，否定的"不、弗"，託名標識的"甲、乙、丙、丁"，"子、丑、寅、卯"，語助的"焉、哉、乎、也"，"的、了、嗎、呢"，雙音節語的"科斗、活束"，翻譯語的"撑犂孤涂"，既不能用圖畫方法畫出來，又沒有意義相近的文字可以引申，那就只好找同聲的字來"假借"了。許叔重說假借是"本無其字，依聲託事"，解釋得很好，但是所舉"令長"兩字的例錯了。縣令的令，可由命令的令引申，官長的長，可由長老的長引申，所以朱駿聲要改以"朋來"兩字爲例，但是多少貝爲一朋，變爲朋黨，依然只是引申。

"分化"，"引申"，"假借"，是文字史上三條大路。"分化"是屬於形體的，"引申"是屬於意義的，"假借"大都是屬於聲音的，不過也有借形體的，例如："魚枕謂之丁，魚腸謂之乙，魚尾謂之丙"，這種名稱都是由和字形相近而起的。"鉤乙"的乙，"藻井"的井，都是借的字形。

有這三種方法，使我們上古的圖畫文字，曾經過一個很長的時期。

當然，圖畫文字的短處很多。

一　字太多，不易記，不易寫，也不易識。

二　由於簡化，許多圖形早就混淆。如"凵"和"口"，"山"和"火"，"人"和"刀"，"大"和"矢"之類。

三　由於生產的發展，社會關係的複雜，文化的進步，語言的逐漸繁複，許多新語言用圖畫表達不出，引申假借的方法，也不能用的太多，因爲一個字如其有幾十個用法是很不方便的。

這些弊病，使古代人民需要更多的新文字，但是要容易學，容易寫的。代表語音的形聲文字就因此發生而替代圖畫文字的地位了。

形聲文字是怎樣發生的呢？中國文字不變爲拼音，而變作形聲，是由於在圖畫文字裏面早已有這種傾向。例如：

一合文　金文把"亞吳"二字連寫，亞字的末筆，即作爲吳字的首筆，就好像一個字。卜辭把"卜丙"二字，一左一右，合書，也像是一個字。"雍己"兩字的雍，卜辭只寫作□，而藏在己字上邊的缺口裏面。金文在"韋"字的方匡裏更裝一個"典"字；當然更像一字了。不過這總還要讀做兩個字的，像："方甲"兩字合文作田，"二千"兩字合文作𦾔，後來似乎都變做一個字了。前者變成現在的甲字，後者六國時代曾用過，讀法不清楚。至於"羽日"兩字的合文，後來就變爲"明"字；"之日"兩字的合文，後來就變爲"皆"字。"小隹"是"雀"，"○鼎"是"員"，可見合文就是形聲字的前驅。

二計數　數目字在中國語言裏很占優勢，二人是"仁"（現代語是"倆"），五人是"伍"，十人是"什"，人字的聲音都可不説出來，只説數目字就行了。三匹馬是"驂"，四匹馬是"駟"，兩龠的重量是"兩"，兩端帛是"兩"，兩個輪子的車是

"兩"（今作輛），兩隻鞋是"兩"，兩股繩是"緉"，數目是到處可以代表別的名稱而把它們省略的，例如："之子于歸，百兩迎之。"就知道是一百輛的車，而不需要再把車字明説出來。在這種語言裏，當然會產生出形聲字來的。

三聲化　中國語言裏的動字、區別字，大都和名字的聲音相同，而只有小差別。名字是"食"，動字是"飤"。名字是"子"，區別字是"字"，名字是"魚"，動字是"釹"，區別字是"漁"（漁本象魚在水中），因之，寫為文字時，有許多象意字，可以只讀半邊，我們稱為象意字聲化。

這三種情形，尤其是象意字的聲化，在圖畫文字的晚期，幾乎已普遍地存在，它們已很像形聲字，所以真正的形聲文字一觸即發了。

真正的形聲文字的發生，和社會文化的發展有密切的關係。我們看卜辭裏地名和女姓的形聲文字特別多，就可以推想到形聲文字初起時，也許還在母系社會時期，如傳說中所示：炎帝姓姜，黄帝姓姬，黄帝的兒子十四人，倒有十二個姓，一直到虞舜姓姚，因為"釐降二女于嬀汭"，後來他的子孫就姓"嬀"，都可以證明中國古代有一度是母系社會。凡是這些部落的領袖都是女人，"井"部落或"子"部落，為了免得人把它們當做水井或孩子的解釋，就都加上一個女旁，以指明這是女姓，是他們母親的姓。（那時的女子都是跟母親住的，下一代的孩子，對於她的弟兄就是"舅"和"甥"的關係，所以這兩字是從男的。）此外，牛、羊、馬、豕、犬等的專名，以及草、木，我們可以想到是畜牧和農業的社會。至於從金的字，起得很晚，那是銅器很發達以後纔有的。從心、從言的字，起得就更晚了。

新文字的發生，根於事實的需要，因爲產業的發展，文化的進步，增加了無數的新語言，只用圖畫文字和引申假借是不够表達的，那時的聰明人就利用舊的合體文字、計數文字、聲化文字的方法來創造新文字。這種新文字一發生，就很快的發展起來。每一類新文字，往往就等於一本專門名詞的詞彙，我們的祖先創造這些新文字，和現代科學家造"氫""氮""鋅""鎳"等字的方法，是始終一貫的。

形聲文字一發生，就立刻比圖畫文字占優勢了。原來是聲化的象意字，以及少數的合體字之類，也完全被吞併，而作爲形聲文字了。有些圖畫文字，經過演化而成爲形聲文字，有些簡直淘汰掉，於是圖畫文字漸漸地無聲無響，它們的時代過去了，雖則還有極少數的遺留，整個文字系統是形聲文字的了。這種文字的大改革，大概發生在三千至四千年前，一直行用到現在。

由舊的圖畫文字轉變到新的形聲文字，經過的途徑有三種：

一是"孳乳"，許叔重説：

其後形聲相益，即謂之字。字者言孳乳而浸多也。

"孳乳"是造成形聲文字的主要的方式，大部分形聲字是這樣產生的。假如有一條河叫做"羊"，一個部落的姓也叫做"羊"，一種蟲子也叫做"羊"，古人就造出了從水羊聲的"洋"，從女羊聲的"姜"，從虫羊聲的"蛘"。吉象是吉羊，可以寫成"祥"，憂心是養養，可以寫作"恙"。又如：目小是"眇"，木末小是"杪"，水少是"淺"，貝少是"賤"。無論是引申出來的意義，或假借得來的語言，都可以孳乳出很多的新文字。

二是"轉注"，這是六書裏原有的，許慎説：

建類一首，同意相受，考老是也。

從唐以來，解釋的雖很多，大抵不是許氏的原義。他説"建類一首"，顯然指同部的字，但他不舉牛部、羊部、艸部、木部等字，而單單舉老部，可見不但同部，也還要"同意"。我們由此可想到轉注和普通由孳乳來的形聲字正相反。因爲孳乳的方法，是由一個語根作聲符，而加上一個形符來作分別的，主要的意義在聲符，從文字的形體上看雖有差別，在語言裏是完全一樣的。由轉注來的文字，主要的意義却在形符，"老"字和"𠊽"字、"丂"字、"句"字、"至"字等。本來不是一個語言，只因意義相同，造新文字的人就把"𠊽""丂""句""至"等字，都加上一個"老"字的偏旁，作成"壽""考""耆""耋"等字，所以轉注是以形符作主體的。

我們可以把"蘭"字勉强解釋做"草也"，可決不能把"艸"字解釋做"蘭也"。因爲"蘭"是專名，是孳乳字，是不能轉注的。但是我們可以把"謂"字解爲"言也"，也未嘗不可以把"言"字解爲"謂也"，"黸"字解釋做"黑也"，也未嘗不可以把"黑"字解釋做"黸也"，因爲這都是同義字，這就是轉注。在語言裏一語數義，到文字裏別之以形，内含的意義太多了，各各添上形符來作區別，這是孳乳字。反之，數語一義，寫成文字時統之以形，同意語太多了，找一個最通用的語言作形符來統一它們，所謂"建類一首"，就是轉注字。形聲字裏有許多特殊的例，像："叛"字從反半聲，而就訓反，"弑"從杀式聲而就訓殺，其實只是轉注。

三是"緟益"，《説文》："緟，增益也。"我們所以稱爲"緟益"，就是説這總是不需要的複重跟增益。因爲文字既不是一手創造的，當然不會有一定的條例，在幾千百年綿長的時期的演化裏，主要的趨勢，固然只是孳乳和轉注，但是，例外的，特殊的，不合理的緟益，也不在少數，最後甚且要喧賓奪主，我們如其從歷史眼光去看，這是很重要的。

緟益字的造字者，總是覺得原來文字不够表達這個字音或字義，要特別加上一個符號。這些原來的文字，或許是圖畫的，或許就是形聲字，或許是由引申假借來的，實際是很可以表達的，不過因爲時代的不同，人們思想的不齊，所以要有這種特別的緟益。

在圖畫文字裏增加上聲符的，如古人畫了一個有冠有羽的雞形，後來文字變成簡單了，怕人不認識，就加上了一個

"奚"字的聲符。鳳鳥的文字，本來也是象形，後來加上了"凡"聲。耕藉的"耤"，本象一人雙手持耒起土，後來纔加上了"昔"聲。鑄字本就象兩手奉鬲在盛火的器皿上，後來纔加上"鐶"聲。"豸"字本就象"貍"形，後來纔加上"里"聲。這一類的例子，不算太多。

增加上形符的字就比較多了，例如："罒"字本象吐絲的蠶形，後人加上虫而作"蜀"，又加虫而作"蠋"。"萬"字本象蠍子形，後人加上虫而作"蠆"（《説文》作"蕫"，又作"蠆"）。"尞"字本象交立的火炬，後人加上火而作"燎"。"厷"字本象肱形，後人加肉而作"肱"。"冎"字本象骨形，後人加肉而作"骨"。"丮"字象兩手捧丰（菶本字即蘿菖），後人加手而作"奉"，又加手而作"捧"。"文"字作"彣"，"章"字作"彰"，"采"字作"彩"，"麗"字作"𪒠"，"或"字作"彧"，"产"字作"彦"，"夑"字作"參"，"而"字作"耏"，"長"字作"髟"，"青"字作"彭"，"周"字作"彫"，"工"字作"㺿"，"尋"字作"㝷"，"聿"字作"𦘼"，"井"字作"𢇮"（《説文》作㓝），"景"字作"影"，這些所加的彡字，幾乎全是不需要的。

後起的形聲字，大都增加了不需要的形，"梁"字已從木，還要寫作"樑"，"忍冬"等於耐冬，却要寫作"荵"，"鳳皇"寫作"凰"，是從鳳字扯過來的。《顏氏家訓》説：

金華則金畔著華，總扇則木旁作扇。

陸德明《經典釋文》說：

> 豈必飛禽即須安鳥，水族便應著魚，蟲族要作
> 虫旁，草類皆從兩艸。

郭忠恕總結起來說：「其蕪累有如此者。」《廣韵》一東菓字下注：「東風菜，俗加艹」，蠢字下引《爾雅》的「科斗、活東」，又說「俗從蚪」，一部《廣韵》裏這種字不知有多少。遠自周初，就把文王、武王寫成王字旁的「玟珷」，一直到近代，市招上把「燒賣」寫成「燒饡」（歐陽修《歸田録》說「酸餡」俗寫做「餕餡」），「上鞋」寫做「鞝鞋」，所以中國文字可以以萬計了。

　　分化、引申、假借、孳乳、轉注、緟益，我把它們叫做「六技」，是説明古今文字構成的過程的。分化、引申、假借是一類，自有文字，就離不開這三種方法。由圖畫文字變爲形聲文字後，又增加了孳乳、轉注和緟益三類。文字的構造，因而顯得愈錯綜，也愈複雜了。

十七　形　聲　文　字

　　中國文字在近古期以後，幾乎完全是形聲文字。《説文》九千多字裏面，朱駿聲《説文通訓定聲》的《六書爻列》所載形聲就占了八千五十七字，約十分之八。鄭樵《六書略》計：

象形類　六〇八字，

指事類　一〇七字，

會意類　七四〇字，

合計一四五五字。

而諧聲一類，却有二萬一千三百四十一字，差不多是十五倍。文字數量愈多，形聲文字的比例愈大見在形聲文字時代，圖畫文字被遺留卜來的是極少數，新製的就更少了。

　　不過，有許多的形聲字，實在是兩朝元老，經過改裝的圖畫文字。從象形文字變來的，有兩類：

　　一、把物形的某一部分直接變作聲符，應作爲"聲化"的一類。例如"狽"字本象一個獸，尾梢粗，後來就把尾梢改成"貝"字，從犬貝聲。"鼉"字本象帶尖嘴的鱷魚，現在把身子作爲黽字，而嘴跟頭變成"單"字，從黽單聲。這種字的來源，大都由於形體的錯誤。

父丁罤 父戊卣 狽簋

　　二、用繩益的方法，或加形符，或加聲符，如上所說。

　　從象意文字來的，也有用繩益方法的，不過大多數是"聲化"，這種聲化的象意字，在文字的性質上，我們還算它們是象意，不是形聲。用攴（扑）來驅羊是"敄"字，用殳來打声（磬的象形）是"殸"字，這都是動字；宀內有缶是"窑"字，林中有示是"禁"字，這都是區別字；從歷史上看，此類在形聲文字前都早已存在了。在《説文》裏，它們往往分布在丮、又、寸、殳、攴、臼、𠬪、止、行、彳、宀等部。

由孳乳、轉注、緟益三種方法産生的形聲文字，纔是純粹形聲字，孳乳字分布得很廣，玉、石、牛、羊、艸、木等部都是，轉注字分布在老、鬼、黑、白等部，緟益字比較零碎，分布却也很廣。當然，分布的區域是有出入的，如：水部"漁""汙"等字是聲化象意字，"江""河"等字是孳乳字；火部"燬""焜"等字是轉注字，"煙""熅"等字是孳乳字，"燎""熛"等字是緟益字。

如其從形聲文字的構成位置來説，賈公彦《周禮疏》分做六等：

一，左形右聲，如：江、河；

二，右形左聲，如：鳩、鴿；

三，上形下聲，如：草、藻；

四，上聲下形，如：婆、娑；

五，外形內聲，如：圃、國；

六，外聲內形，如：聞、問。（原作"闌閣"似誤，今改。不過，嚴格説只有"莽""衍"之類，纔能算內形外聲。）

形聲文字的位置，有時還可移動，如："槊"可作"櫼"，"桃"可作"𣖮"，"穌"可作"穙"，"弸"可作"弼"之類，所以完全用位置來分，是不可能的。中國文字的位置，大部由於習慣，照理論説，位置不同，還是一字，如："翋"訓飛貌，現在用於輔翋，而"翌"字用於翌日，但"翋"和"翌"究竟是一字，可是像《説文》裏，"衍"字和"洐"字，就歧而爲二了。因爲習慣往往有了固定的位置和筆順，實際是中國文字裏最大的弊病。

鄭樵把形聲字分做正生、變生兩類，在變生裏又分子母同聲、母主聲、主聲不主義、子母互爲聲、聲兼義、三體諧聲六類。子母同聲，跟子母互爲聲，是兩邊都可以認爲聲母的字，不過總有一邊是更切近的，例如："唔"字《説文》從午吾聲，石鼓的"吾"字作"遻"從歬聲，詛楚文作"唔"，從吾聲，可見《説文》的説法是對的，不過現在把"唔"字讀入去聲了。"碬"字《説文》從古叚聲，是由一等的"古"，讀入二等的"叚"。又如："钉"讀郎丁切，顯然是從丁令聲，"吱"讀攀糜切（《廣韵》符鄙切，又匹支芳鄙二切），顯然從支比聲。"麾"忙皮切，應是從非麻聲，"脣"丞真切，只應從會辰聲，《廣韵》黃外切是錯的。（《切韵》《唐韵》均無此字）。至於徒冬切的"蜙"，《廣韵》自作"蜙蝑"，從鳥虫聲，而魯水切的"蜼"是從虫隹聲，鄭氏誤併了。

母主聲一類，只是分部的不當，"瞿"字仍是從佳朙聲，只入佳部就行了。"黌"字只應入學部而是黃聲，"枓"字只應入木部而斗聲，"禁"字只應入示部而林聲，"綴"字只應入糸部而叕聲，我們只須分析哪一邊是形，哪一邊是聲，就可以不牽涉到母跟子的問題了。至於主聲不主義一類，鄭氏纔舉四個字作例，把"屣"訓踞，"尼"訓妮，"匏"訓瓠，

"魏"訓闕，界説似乎不很明瞭。

鄭説中比較重要的有二點：第一是聲兼意的問題。許叔重早就有"亦聲"的例，段玉裁説："亦聲者，會意而兼形聲也。"桂馥説亦聲有兩種，一種是從部首得聲的，一種是解釋所從偏旁的意義的。其實前一種都是《説文》分部的不當所引起來的，例如："胖"字明明是從肉半聲，"鉤"字明明是從金句聲，許氏却要放在半部跟句部。也有是錯誤的，如"單"和"干"，古文本是一字，只是讀 tan 跟 kan 的不同，正是聲母轉讀的一個例子，許氏説"從吅，從甲，吅亦聲，闕"。甲不成字，吅也不是聲。所以"亦聲"的字，實際上只是一種。

不過《説文》沒有注亦聲的，聲兼意的還是很多。如："衷"字從中聲，當然是兼意義的。"祥"字從羊聲，古人多以"吉羊"爲"吉祥"，所以徐鍇就説："從羊亦有取焉。"從宋王子韶創右文説，一直到近代劉師培、沈兼士，把"以聲爲義"的一個條例，推闡得非常詳密。我們有理論説，每一個形聲字的聲符，原來總是有意義的。有人認爲專名像"江""河"之類的聲符，就沒有意義，其實工聲如杠之直，可聲如柯之曲，古人命名時不會沒有意義的。人姓也似乎不一定有意義，但是李耳、李悝爲什麼姓"李"呢？金文咸婡鼎有"婡"字（前人未釋），從女李聲，我們可以知道這是一個古姓，不是從李伯陽纔有的。但是這個部落在最原始的時候，所以叫做"李"，是由於那地方産李樹呢？是由於神話説是李樹的子孫呢？還是偶然的指李樹爲姓呢？不論怎樣，總是有一個起源的。既是一個姓，姓就是這個字的意義。總之，形聲字的聲符所代表的是語言，每一個語言不論是擬聲的、述意的、抒情的，在當時總是有意義的，所以每一個形聲字的聲符，在原則上，總有它的意義，不過有些語言，因年代久遠，意義已茫昧，所以，有些形聲字的聲符也不好解釋了。

關於三體或四體的諧聲，後人分析做二形一聲，三形一聲，和二聲，共有三類，這實在是錯誤的。我認爲形聲字在造字時，只有一形一聲（當然有些聲母本身已是形聲字），絕對沒有同時用兩個形或兩個聲的。這種被人分析做三體四體的字，有些是錯誤的，如："毚"字，在古時是象意字，是一支箭（矢）貫在豕腹上，顯得這是野豬了。《説文》裏把它錯成從互，從二匕，矢聲，就成了所謂三形一聲了。形聲文字，不是一個時期造的，它是由於歷史的累積而成的。如："寶"字，《説文》裏是從宀、玉、貝，缶聲。金文裏有"宏"字，是從宀缶聲。又有"賏"字和卜辭的"宔"字，都是象意字，因爲古代中國民族住在西方，是有玉的地方，後來到了東方，是有貝的地方，那時用玉和貝爲寶，所以《盤庚》上説："具乃貝玉"。那末，金文作"窑"字的是"從宝缶聲"，作"庴"字的是從賏缶聲，作"寶"的是從宔缶聲，這是屬於由象意字變來的緟益字的一例。還有純粹是複體的形聲字，例如："尃"從甫聲，"薄"從尃聲，"薄"從溥聲，"檰"從薄聲，我們決不能説"檰"字從木、艸、水、寸，甫聲，那末，"碧"字爲什麼不説從石珀聲，而要説做從玉石白聲呢？因爲《説文》上漏列的字很多，所以常有這種牽强的解釋，例如："沏"字從水刃聲，"梁"字從木泖聲，"粱"字從米泖聲，

《説文》裏把"梁"字釋爲從木，從水，刃聲，就成爲二形一聲，"梁"字就是從梁省聲了。如果許叔重看見了陳公子甗借作稻粱用的"㳒"字，就不用費這些心了。石鼓文有"敊"字，可見"鏊"字本該是從韭敊聲，《説文》因爲漏了"敊"字，就只好説"從韭，弔次皆聲"了。一個字而諧兩個聲母，這真匪夷所思了。所以我們説形聲文字只有一形一聲，凡所謂二形一聲、一形二聲的字，如其不是錯誤，就都是緟益字或複體形聲字。

形聲字有些是經過省變的。如"弑"字從杀省式聲，是省形，"璇"字從玉旋省聲，是省聲。省變本是文字演化裏應有的一種現象，凡是省文，一定原來有不省的寫法。可是《説文》裏的省，却不一定如此，往往不省就不成字，如："散"字從人攴豈省聲，"豈"字從豆散省聲，更是如環無端，叫人莫知所從了。所以段玉裁已懷疑許氏的省聲，嚴可均、王筠更都認爲錯誤，假使不是後人妄改，那就一定是許叔重不得其説，從而爲之辭。

那末，形聲字除了由圖畫文字聲化或緟益來的以外，只有單體和複體之分。如其從聲音來區別，像楊桓的分本聲、諧聲、近聲、諧近聲四類，那是諧聲系統的問題，也就是音韻學上的一個問題了。

十八　記號文字和拼音文字

截至目前爲止，中國文字還不能算是記號文字，因爲我們認識一個"同"字，就可以很容易地認識"銅""桐""筒""峒"等字，可見這還是形聲文字。另一方面，雖有許多人主張漢字革命，廢除方塊字，而且也有了一兩套拼音方法，可是拼音文字總還沒有能通行。

圖畫文字和記號文字本是銜接起來的，圖畫演化得過於簡單，就只是一個記號。如"鼎"字本是象形，在武丁時的卜辭裏寫作 ，就絲毫看不出鼎的形狀來了。卜辭"山"字跟"火"字不分。"足"字跟"正"字混亂，都由於圖畫已簡單得和記號一樣的原故。假使我們的文字始終停滯在圖畫文字的階段上，那末，遺留到現在，將只是無數個獨立的記號，恐怕要混亂到很難辨別了。

中國文字和有些別的古文字一樣，走上了聲符文字的途徑，不過因爲它是注音的，每一個音位需要有一個專爲代表它的聲符。並且，因爲同音字太多的關係，在同一音位裏，也有兩個以上的聲符，如："同"跟"童"都是徒紅切，"公"跟"工"都是古紅切，所以聲符的數目，在一千以上。在形聲文字的初期，一個人只要記住幾百個由圖畫文字遺存下來的近似記號的文字，再熟悉這一千多聲音符號的讀法（圖畫文字遺留下來的幾百字當然大都已包括在內），就可以完全認識這些形聲文字。

可是文字形體，永遠是流動的，商、周文字，已經有很大的不同，到了小篆，許多圖畫形式，大抵已經變質了。到隸書，這種情形更加甚，"奉"字本從丰聲，"秦"字、"春"字本從午聲，"舂"字本從屯聲，"泰"字本從大聲，"奏"字本從兩手舉夲，現在上半字全寫作"夫"，這種混亂的情形，使隸書更近於記號，一般人對於古文字知識有限，就只知道隸變是文字傳譌和混淆的由來，把小篆奉爲萬世不刊的經典了。

現在所謂楷書，或真書，其實就是隸書，從漢到唐，字體就沒有凝定過，一直到刻板印書的發明，正字得了普遍流行的機會，纔算漸漸固定了。可是演化的暗流，依然在進行，"文子爲孝"一類的俗字，從唐到現在，也並沒有廢絕。

拿"俗字""簡字"，和楷書隸書比，正和隸變的情形相同。"鷄"字本從奚聲，"難"字、"漢"字本從堇聲，"觀"字、"權"字本從蓷聲，"戲"字本從虖聲，"對"字本從丵聲，"樹"字本從壴聲，現在全改爲從又，如"鸡""难"等，這一類近來頗有人提倡過的手頭字，是聲符文字的更大一次的破壞。

不過，這些手頭字的數目，總是有限的。（有些字依然是形聲字，如"優"作"优"，"燉"作"炖"。）有些人提倡簡體字，是錙銖必較地計算着每一字可以多少筆，不知如果是徹底改造的簡體字，在文字學上是反動的。我們需要聲符文字，不需要記號文字，需要較固定的寫法，不需要時時省變，人各爲政的寫法。我有一位朋友，自己印行了手編的一本簡字字典，但在他另外寫文章時，却寫得並不一樣，原因是忘了。在不用簡字時，每一個字只須記住一個寫法（中小學生對於行草往往是覺得頭疼的）。有了簡字，就要記住兩三個寫法。假使這種運動可以成功，把聲符文字倒退到記號文字，把比較固定了的正字，變成參差不齊，隨時不同。那個時候，一個人也許要記住一兩萬個不同的記號，這大概是不可能的事吧？

從另一個角度看，由於讀音的變易，我們得承認現在的中國文字，確是不容易認識的。因爲原來的聲符，在目前大都不能代表它們的讀法，我常舉"隹"字作一個例子。如：

　　隹錐職追切　惟維唯以追切　雖睢息遺切　誰視隹切
帷洧悲切　催許維切　椎直追切　推叉佳切
　　嶉醉綏切　淮戶乖切　匯苦淮切　魋雁杜回切
崔倉回切　堆都回切　膗素回切　摧昨回切
　　䜅推他回切　嶉藏回切　蜼力軌切　趡千水切
唯似水切　陮徒猥切　匯胡罪切　嶉璀七罪切
　　摧子罪切　雖隼思尹切　準准之尹切　膗而尹切
鷕以沼切　娷香季切　蜼以醉切　碓都隊切
　　維蘇內切　奞息晉切　闓良刃切　進即刃切
奞私閏切

同是從隹聲（有一兩個是新定的，如闓跟進之類。），而有三四十個不同的讀法，再加以有些文字的混淆，如："睢"字從目隹聲和"雎"字從隹且聲相近，"萑"字從艸隹聲跟頭上有角的"萑"字（胡官切）相亂。有誰能把這些字音，記得清清楚楚，一字不差。所以這種標聲方法，在現在確是很不方便的。

從明代的西洋天主教士就想用羅馬字拼音來認識中國字，清代末年，中國人自己造的拼音字母逐漸發展，到民國七年（一九一八），教育部纔公布了一套注音字母，不過還只是注在漢字字旁的一種符號。到民國十五年（一九二六），由大學院公布了一套國語羅馬字，纔正式提出想廢去方塊漢字而變成用拉丁字母拼出來的拼音文字。到了民國二十三年，纔有"拉丁化新文字"。

中國文字果真能摒棄了行用過幾千年的形聲文字而變爲直捷了當的拼音文字嗎？一個民族的文字，應當和它的語言相適應，近代中國語言雖則漸漸是多音節的，究竟還是最簡短的單音節雙音節爲主體，同音的語言又特別地多，聲調的變化又如此地重要，在通俗作品裏含糊些，也許還不要緊，用拼音文字所傳達不出來的意思，只要讀者多思索一會，或者簡直馬虎過去就完了。但是要寫歷史，要傳播艱深的思想，高度的文化，我們立刻會覺得拼音文字是怎樣的不適於我們的語言。我聽到一個故事，有一位推行國語的前輩，在十餘年前用國語羅馬字寫成的一本日記，重行找到後，讀起來，有許多地方自己也完全不記得了。當然，國語羅馬字還是較精密的拼音文字（雖則並不容易學），但並不能解決我們語言本身的困難。在說話時，由於當時的環境，聽的人是容易領悟的，可是專名和引書，在突然用到時，即使在談話裏也不很容易聽懂。"天堂"跟"添糖"，"歎口氣"跟"探口氣"，在國語裏是一樣的，把語言記錄成拼音文字，上下文再一含混，事過境遷以後，當然自己都不懂得。文字本都是寫給別人看的，思想和環境不同的人，再要是時代不同，怎麼能懂得呢？也有人以爲中國語言所以不適宜於拼音文字，只由於没有完備的詞彙，他們没有覺察中國語言的單語雖不多，複合語却不可勝計，一部詞彙，寫幾百萬條也不會完，即使有一天寫出來，新的詞又會絡繹而出，所以對於拼音文字是没有幫助的。我們由歷史的觀點來説，過於前進的拼音文字一樣是走不通的，中國文字現在可以走的路，是怎樣去改進這些注音文字。

文字的演化

十九　什麼叫演化

一般人不知道文字是時常流動的，他們往往只根據所見到的文字，以爲古來的文字就是如此，《説文序》：

> 諸生競逐説字解經，諠稱秦之隷書爲倉頡時書，云：“父子相傳，何得改易？”乃猥曰：“馬頭人爲長，人持十爲斗，蟲者屈中也。”廷尉説律，至以字斷法，“苛人受錢”，苛之字止句也。若此者甚衆，皆不合孔氏古文，謬於史籕。俗儒啚夫，玩其所習，蔽所希聞，不見通學，未嘗睹字例之條，怪舊藝而善野言，以其所知爲秘妙，究洞聖人之微恉。又見《倉頡篇》中“幼子承詔”，因曰：“古帝之所作也，其辭有神僊之術焉。”其迷誤不諭，豈不悖哉。

“俗儒啚夫”不懂得文字有流變，他們的理由是：“父子相傳，何得改易。”在漢代今文經學家所做的緯書裏，我們可以看到“土乙力爲地”一類的怪話，都是根據隷書寫法來説的。就是許叔重所采的“一貫三爲王”，“推十合一爲士”，又何嘗不是根據小篆寫法來解釋文字所産生的笑話。

從漢以來，根據隷書説字的不知有多少，“泉貨”是白水真人，“董”是千里艸，一直到現在人説“人禾余”，“立早章”，這是民間不懂字學的人説的。《邵氏聞見後録》：

> 王荆公晚喜説字，客曰："覇字何以從西？"荆公以西在方域主殺伐，累言數百不休。或曰："覇從雨，不從西。"荆公輒曰："如時雨化之耳。"

"覇"字從西，就是隸變。又説：

> 崔偓佺淳化中判國子監，有字學，太宗問曰："李覺嘗言四皓中一人姓，或云用上加一撇，或云用上加一點，果何音？"偓佺曰："臣聞刀下用，榷音，兩點下用，鹿音，用上一撇一點，俱不成字。四皓中一人，甪里先生也。"

這是"有字學的人"，却不知"角"字可讀作"鹿"音。根據隸書把"角"字寫作刀下用，而説讀鹿音的是兩點下用，不知寫篆書時如何下筆。那就難怪有些人斤斤然分"余"和"佘"，"秏"跟"耗"了。《諧鐸》記一個女孩子説倉頡造錯了字，"射"從寸身，應該是"矮"字，"矮"從委矢，應該是"射"字。有一位人類學者曾和我説，中國文字可和埃及文字比較，如"食"字的∧形是屋子，皀形是坐在那裏的一個人，因爲他是根據正書的印刷體的。

在近代學者們間，流行着的一種錯誤觀念，是把比較整齊的周以後文字認爲是文字，以爲這是凝固了，有定型了，而前於此的是流動的，無定型的，所以只是文字畫。他們的目光，雖比隸書楷書遠些，也只是五十步與百步之別。

父子相傳，怎麼會改易呢？一種文字，怎麼會變成別一種很不相同的文字呢？驟然看去，本是可驚怪的。圖畫的形式，怎麼會變爲綫條，成爲記號呢？引筆的篆書，如何會變成一波三折的隸分呢？隸書怎麼會變成楷書，章草怎麼會變成狂草或行書呢？其實每一種改易的開始時，總是很微細的，不易辨覺的小差別，筆畫的肥、瘦、長、短、斜、正，在有意無意之間所產生的極小的差別，時間一久了，經過若干人的摹仿和改易，這種差別更明顯起來，就變成一種新體了。一般人不明白文字有它們本身的歷史，給見聞面住了，只看見某一段時期內可以看到的文字（好像只看見某人一生中的三四年的容貌），自然不覺得它們是會改變的，就容易發生這類錯誤的觀念了。

這種文字史上常見的很細微的差別，和改易的過程，我們把它叫做"演化"。"演化"和"分化"不同，"分化"是產生出新文字來的，"演化"的結果，有時也會變成"分化"，但它的本身是無目的的，只是不停地改易而已。"演化"是逐漸的，在不知不覺間，推陳出新，到了某種程度，或者由於環境的關係，常常會引起一種突然的、劇烈的變化，這就是我們在下章所說的"變革"。"變革"是突然的、顯著的，誰都會注意到的，但最重要的演化，却容易被人忽略。

漢字以形體爲主，但是一個漢字，往往有兩三個或更多的寫法，假使這種差別發生在同一時期的同一種字體內，那總是"演化"的原故，不懂得"演化"，就不能研究文字學，尤其是中國文字學。

二十　繪畫・鍥刻・書寫・印刷

文字起於圖畫，愈古的文字，就愈像圖畫。圖畫本没有一定的形式，所以上古的文字，在形式上是最自由的。

用繪畫來表達的文字，可以畫出很複雜的圖畫，也可以很簡單地用朱或墨塗出一個囫圇的仿佛形似的物體，在辛店期彩繪的陶器裏，我們可以略微看見一些迹象。商代的銅器，利用款識來表現這種文字，有些是凹下去的，有些是凸起來的，也有些是凹凸相間的。凹的現在通稱爲陰文，凸的是陽文。這些款識，是先刻好了，印在范上，然後把銅、鉛之類鎔鑄成的，陰文在范上是浮雕，在范母上却是深刻，陽文在范上是深刻，在范母上還是浮雕。深刻當然比浮雕容易得多，而且鑄成銅器後，陽文遠不如陰文清晰美觀，所以除了少數的銘字偶然用陽文，大部都是陰文。可見在那時雕刻的技術，已經很有進步了。銅器上的文字，原來的目的，是要人看的，在後世發明了拓墨的方法，把這種文字用紙拓下來，就等於黑白畫。

萬戈　這是陰陽文相間的，即　形。

母丁鼎　這也是陰陽文相間的，即　形。

圖畫文字本是寫實的，但是各人的愛好有不同，手法有工拙。有人不但畫得很工緻，還要加上裝飾，有人只畫出一個實體，有人只描出一個輪廓，有人更產生了筆順（如豕、犬等字把耳和下頦併爲一筆），這就有了無數的差別。用的時代久了，文字的自然選擇，總是傾向在簡易的一方面，所以，用綫條的文字逐漸通行，其餘的形式就一天一天地被淘汰了。

許多鍥刻文字，是寫好了再刻的，我們在甲骨上還發現過一些寫而未刻的卜辭。但是到了鍥刻技術成熟以後，就不一定非寫不可。我們在卜辭裏看見許多比米粒還小的文字，當然不能先寫後刻。它們鍥刻時，又不照筆順，或先刻每一字的橫畫，或先刻每一字的豎畫，有時只刻了一半就放下了，就成爲缺橫畫或缺豎畫的文字，這純粹是鍥刻的方便。我們也看見了許多練習鍥刻的甲骨，可見後期的卜人，已經把刀當作筆用了。刀自然不如筆的方便，圓圈是不容易畫的，所以作爲太陽形的"日"字，有時畫作正方形，有時畫作五角形。粗筆是不容易刻的，"天"字本和"大"字一樣，都象正面的人，而又特別指出它的頭部來，這個特大的頭部，在卜辭裏有時改作正方形，有時索性變成一畫，和小篆一樣，以致容庚之流要把它分成兩個字了。武丁時代的卜辭文字，結構異常整齊，像："鼎"字作𪔂，"龜"字作𩱓，離開圖畫文字的形式很遠，而較晚的時期，反不致於這樣失真，這顯然是初期鍥刻技術不佳的關係。

我們所見的甲骨刻辭，不下十萬片，還有在陶器上玉器上刻的字，商代的鍥刻技術大概可算是登峰造極了。但到了周初，却驟然衰落，原因不清楚，但是現時存在的周初文字，都是銅器，在銅器上鍥刻文字，顯然比甲骨陶器要困難得多。

有些銅器在冶鑄時范壞了，文字不很清楚，也有的根本沒有鑄出來，周代的銅器裏就有把漏去的文字補刻，如周初的驖卣上的第一個字，也有把筆畫刻上了幾筆，如散盤裏面的爽字。到春秋時更有整篇的銘辭是鍥刻的，戰國後這種現象更加甚，而兵器上爲最多，文字多草率，也多細如黍粒，仿佛商末的甲骨了。

同是商代的文字，在甲骨上跟在銅器上顯然不一樣，因爲甲骨只是鍥刻的，但是銅器由於是范鑄的，在製范時可以細細地加工，所以還可以保存繪畫或書寫的技術。原始文字是用繪畫的，但在文字被大量地應用以後，繪畫的意味就逐漸減除，而變成書寫了。因爲繪畫方式最適宜於極少數的文字，纔可以自由發展，到了長篇文字，互相牽制，漸漸要分行布白，每一個字就不能獨立發展，在同一篇文字裏，筆畫的肥瘦，結構的疏密，轉折的方圓，位置的高下，處處受了拘束，但却自然而然地生出一種和諧的美，這就是書法。我們看商代的銅器刻銘時，常會覺得每一種刻銘的書法，往往有它自具的風格。周代也是如此，我們甚至可以從書法來斷定銅器的時代，因爲那時的書法，還沒有典型，大部分都是隨時的仿效，所以每一個時代最流行的風氣是容易看出來的。

遠在商周時，側垂的筆畫，已經有頓筆加肥，折鋒旁出的筆勢了，隸書的波磔，楷書的捺，都是這樣的。這是文字由繪畫改變爲書寫後的一種新發展，這種技術，只是用柔毫的筆纔會產生的，中國人能把書法發展爲一種藝術，就因爲筆的緣故。春秋以後，新的筆法更多了；有的作垂筆時，起始先頓筆作圓點而再提筆下垂的，有些像後世所謂薤葉篆；有的在每一筆畫中間作肥筆而首尾都是瘦筆的；也有在筆尾較肥的，有些像後世的垂露篆；也有起首肥而漸瘦的，就是後世所謂科斗書。再加有些筆畫裏附上半圓點，有些附上鳥形蟲形，更有的簡直把文字嵌在鳥形或獸形的圖案內，就是所謂鳥蟲書。一部分的篆書以結構繁密爲主，就成爲《史籀篇》一類的字體。而由大篆到小篆，又都間架整齊，筆畫圓渾，骨肉停勻，是後來所謂玉筯篆。在貴族社會裏，時間是不很寶貴的，因之可以產生很好的藝術，書法也是有閒纔能講究的。到戰國末年，貴族社會崩潰，在商人社會裏，書法也不講究了，鍥刻文字筆畫草率，簡體跟破體盛行，就形成了隸書。

隸書是草率的篆書，草書又是草率的隸書，六國末年就產生了隸書，漢初就產生了草書。隸書、草書，本都是潦草苟簡，只求實用的，但行用稍久，人們又在那裏面發展出書寫的藝術，一波三折，失去了草率的本意，漸漸地隸書、草書又都是很難學好的書法了。隸書又產生了今隸，草書又產生了行書，這是現在還通行的書寫技術。

鍥刻文字從戰國初年的雍邑刻石（即石鼓）起，主要的對象，由銅器轉移到碑刻。銅器不易鑄，地位又窄小，不足以發揮書寫者的天才，到雍邑刻石的文字，每篇幾十字，每字快有兩寸見方，這種偉大，是前所未見的。因之，有了詛楚文，更有了秦始皇時的幾個刻石。穹碑巨碣比較銅還是容易得的，所以漢代的銅器，不過記些年月工名，而宏篇巨製，就以碑爲主了。

漢人刻碑的主要目的是叫人看這碑的，從《天問》裏的畫象，到漢人的畫象石室，也是如此。到了漢末，蔡邕等立石經，更後魏正始中立三體石經，本意都是叫人看，是給他們每一種經典的標準本，免得轉輾傳抄有錯誤。所以石經剛立，總有許多人去碑下校對或抄寫。那時以後，造紙術發明了，就有人想到把紙蒙在碑上，用墨打拓出來，可以省去校對抄寫的麻煩，因之就發明了拓墨的方法。

拓墨方法可能六朝早就有了。嶧山碑據《封氏聞見記》的説法，就因拓得太多而被野火燒了的。唐時人於是立刻用棗木翻刻一本，就是杜甫所謂"嶧山之碑野火焚，棗木傳刻肥失真"，這種拓印本，實在是中國印刷術裏最早的歷史。

書寫文字，人人都不同，所以文字用的時代略久，就容易混亂。漢末的隸書石經，唐代的正書（也稱爲隸書）石經，目的固然在統一經文，也可以統一字體。書寫體本是永遠流動的，小篆定了，就產生隸書，隸書定了，又產生正楷，正楷定了，又產生簡俗字。

可是，隸書出，篆書跟着就廢棄，正楷通行，隸書也就不用，而正楷却一直流行到現在，簡俗體並不太流行。這是特殊的。我以爲歷代政府都願意支持正楷，雖是一個主要的原因，印刷術的發明跟進步，也足以使正楷體容易固定。

印刷體和書寫體，有時是有歧異的，例如"曾"字就有幾個寫法。可是無論如何，印刷體總還可以作標準用的。書寫體是藝術的，但印刷體是實用的，所以“印刷體”在文字學内的地位，是相當重要的。

二一　行款·形式·結構·筆畫

《法苑珠林》把梵文認爲是右行的，佉盧書是左行的，而倉頡書是下行的。梵文即婆羅門書，從左至右，和現在西方文字一樣。佉羅書即佉盧虱吒書，隋言驢脣，是從右至左的。中國文字從上至下，所以稱爲下行。（現在一般人把中國文字認爲右行，西方文字認爲左行，是錯的。）其實中國文字是下行而又兼左行的，一到兩行以上的文字就是如此（不過甲骨金文裏也有右行的），至於題署匾額，那就往往只有左行了。從中國文字的性質說，每一個字都是從上寫到下的，當然以下行爲適宜，可是它們又是從左寫到右的，爲什麼行款倒是從右寫到左呢？這恐怕只是習慣的關係，覺得這樣纔便利。

古代圖畫文字的行款是很自由的，有些文字夾在別的圖畫的空隙裏，有些文字形式，完全跟着器物上的部位而定；有的字形特別大，如：“夋”字本畫一個正面的人形，一手拿戈，一手倒拖着一個尸首，占的地方很大。所以有時在一個較大的字形下，可以並列兩行。有些平列的銘文裏，簡直叫人不能分出哪一部分是應該屬左或屬右的。下行的文字也是如此。有時把一個有空肚子的字，如“韋”“亞”等字，裝進了別的文字，最多可以裝到二三十字。

這種自由式的文字，到了長篇大段以後，就受了拘束了，我們在卜辭彝銘裏所見，大概每字的長短還是自由的，而寬度却慢慢地畫一起來，就是可以分出行來了。在文字的形式上，因之發生了巨大的影響。第一，原來正寫的字，像："虎""鼠""象""馬""豕""犬"等字，因爲太橫闊了，就被豎了起來，頭在上，尾在下，變成側寫的了（後來"目"字、"冊"字，也是由正寫而轉爲側寫的）。其次，許多四面發展的字，如："章"字本象在高牆上四面都有小屋（王靜安先生以爲四合房是錯的），就是"射雉于高埤之上"的"埤"字。又如："韋"字本象在一座圍牆外，四面都有足迹，這些足迹代表很多的人在包圍或是保衛這個都邑。在這種行款裏覺得不相稱了，所以把兩旁的房子或足形都省去了，只留着上下，成爲現在的樣子。

在甲骨上常看見的干支表，是當時習字用的，最普通的是六旬、三旬兩種，每旬一行，每行二十字，行格都很整齊，可見中國文字已漸漸變成方塊了。周初的盂鼎（康王二十三年）銘文十九行，除了幾處合文外，都是十五字一行，有些字的筆畫多到二十多，最簡單的如一字只有一筆，都同樣地占了一個方格，已經是很整齊的文字了。西周時有許多銅器都是在銘文裏畫出方格的，陽文的有克鼎等，陰文的有宗婦鼎等，小克鼎雖也有方格，所寫的字却往往出格外。春秋時的秦公簋，似乎是用活字排在范上纞鑄出來的。這種方塊字的傾向，使許多太繁重的文字，尤其太長的字，不得不減省或廢棄，如："鬻"字，就不得不改成"羹"字了，因而更奠定了中國文字形式上的特質。

從大篆到小篆的幾個刻石，由方形漸漸改爲長方形，而隸書却又變成扁形，過於長的篆書把有些脚儘量地拉下來，而隸書像沈君闕却又把脚儘量地伸出去，都是矯枉過正。草書本來也是每一字自爲起訖的，後來連續起來，就打破了方塊的系統了。隸書演變爲行書，又演變爲正書，後來楷書裏又摻雜了正書的體勢，所以六朝以後的書法，長形、方形、扁形，就各有宗祖了。

文字的形式，在古代也是很自由的，有許多文字時常倒寫，像故宮博物院藏有一個盉，銘文是"夅"，在大字上畫了一個向下的足形，我以爲是"逆"字（即逆字）的倒文，馬叔平先生不信，因爲從盉形的位置來看，只是"夅"字。又如鐃上有"專"字，也是倒書的，前人都不敢識，也給位置限住了，而不信我的倒文的説法。其實這種例子很多，並且常在一篇全是正書的文字裏，忽然夾上一個倒書。甲骨卜辭裏偶然也有。春秋時更有一個鼎銘是順逆相間的。

在古文字裏，正寫反寫本是很隨便的，在甲骨上刻的卜辭，兩邊是對稱的，右邊的左行，所有文字都左向，左邊的右行，所有文字都右向，所以除了一部分兩邊完全相同，反正都是一樣的文字，每個字都可以反過來寫，反"人"還是"人"，反"正"還是"正"，一直到春秋時代的銅器銘文，還有全是反寫的。

文字逐漸定型後，左右方向也連帶着固定了。有些字原來是有差別的，現在不容易分別了，就拿字的正反面作分別，如："反正爲乏""反人爲匕"之類，也有是本無其字，爲要附會某一個語言而創造的，如："反彳爲亍"，以代表"躑躅"，"反孑爲孒"，以代表"蛣蟩"。也有代表反面的意義，如："不可爲叵"，在語言裏是不可的合音，在文字裏則是"可"字的反文。

在方塊文字沒有凝定時，有些複體的文字，往往把每個單體分離得很遠，占了好幾個字的地位，使人不知道它原只一個字，當然這種情形，總是發生在商代的。例如：把"牧"字拆成牛攴二體，"攪"字拆成品子異三體，我曾討論過，把它們叫做"字母式排列"。這種方法，正是合文的相反一方面，可是並不十分普遍，所以中國文字沒有變爲字母。

此外，一個字的偏旁配合，有時是很隨意的。例如："柳"字寫作"夰"，"杞"字寫作"杏"，"期"字可寫作"萁"，也可寫作"萒"，"樆"字可寫作"痳"，"買"字可寫作"㝵"，"棶"字可寫作"霖"之類。後來有好些字因配合不同而生出歧義，例如《說文》只有一個"翊"字，現在把"翊"解爲翊贊，把"翌"解爲翌日，就成兩字了。《說文》裏這種情形已經很多，嚴可均曾提出來，說：

　　其得一字數義，必可省併者十之七八。

但是習慣是不容易打破的，我們可以把"和"寫作"咊"，但決不能把"宵旰"的旰，寫成"水旱"的旱，所以文字總是愈久愈多的。

行款跟形式是屬於文字的外形的，結構跟筆畫的變化，則是內在的。結構的演化是古今文字變異裏很主要的部分。例如"馬"字從正寫的圖畫形式改爲側寫以後，頭部和頭上的耳形，變得像是一個目形，又漸漸把項背間的鬃毛移上去，寫得和目形中的橫畫接連起來，變成現在小篆隸書裏馬字的上半。馬字的身體漸漸縮短，兩足跟三歧的尾，漸漸不能分，在漢時已被誤認爲四足一尾，到隸書裏更變爲四點帶一鉤，和"火"字的變爲四點一樣。不過在六國文字裏往往把"馬"的身體部分取消了，而只在馬頭下加兩橫畫，這是簡體。我們認爲每一個字，都有它本身的一本歷史，主要的就是結構的演化。

　　許多特殊形式的古文字，原來是整個的圖畫，不能分割的。後世文字，形式上處處要整齊，所以往往把兩個單體中間的關係切斷了，變爲各個獨立的。例如："保"字的圖畫文字是一個人把手反過去背負一個小孩，這反過去的手形，是一個累贅的寫法，並且不合於各個獨立的原則，所以後來就不畫了，只剩了人旁一個子字，也有在子下再加一筆，或至兩筆，成爲現在的"保"字。"企"字本畫一個人，也附帶畫出他的腳，後來轉過來腳趾朝上，並且把腳截下來，成了從人從止了。"戍"字和"伐"字的分別，一個是人形荷戈，一個是以戈斫人的頸，可是都變做從人從戈了。"疋"字和"足"，本是一個字，像整條的人腿，可把腳趾轉朝上，而"足"字又把腿跟腳分開了。"桑"字本像三枝形，現在把枝截下來，變成三個又字形了。"伊"字本象人持杖，"倗"字本象人舉再，現在把它們拆開，並且從左邊移到右邊，成爲從人尹聲或從人丮聲了。

有些演化是很細微的，"大"字本可以先畫兩臂，再畫頭身跟左右足，後來有人寫爲先畫頭跟左臂，次畫右臂，次畫左右足，就把身子隱去了。再變而把兩脚分開，愈分愈遠，如像脚生在臂下，就跟六字差不多了。小篆裏，凡是從大字的偏旁寫在上的就作大（如"奄""奎"等字），寫在下的就作介（如"奕""獎"等字），讀作他達切，《說文》也因之分爲兩部了。"人"字寫在下的時候（如在"兄""允"等字內），有的把手和身足分開了，有的爲勻整起見，把人的腰背象弓一樣彎起來，《說文》也分兩部，而在"儿"字下注引孔子曰"人在下，故詰屈"，不知這是周末的演化。"食"字本象食器，下面有底座，從商時已把底座變成半個橢圓形了；再到春秋以後，分兩筆來寫，左筆長，有些像L形，右筆短，只是一直；更後又把右筆移低一些，就像從匕；到了近代，更受了"良"字的同化，有些人寫爲從人從良了。"帀"字中間一直，可以斜曳，而且把它移低了，接在左邊的斜筆上。"酉"字在六國文字裏，把上面的八變成丷，下面的酉，拆成工跟口，所以從前學者往往誤識爲"音"字。（其實這是受隸書的影響，篆書音字不接近）。古文"肯"字跟"南"字本只是一個字（詳見我所著《殷虛文字記》等書），作凿，後來有的把上面的裝飾分開作业，變成"肯"字；有的變成"南"，《說文》可又拆開爲從米羊聲了。

筆畫的長短斜正，也是演化中的一個重要因素。古"戈"

字象戈形，簡化作 𢦏，頂上的半畫，可以向下移而稍斜，中間一直向右斜曳，底下的一畫，又可以向上移而作右高左低的斜曳，就變成小篆裏的戈字了。武丁時卜辭裏有一個卜人叫做"乎"，所從的牛字，可以作 �，也可以作 �上，這位卜人常常把自己名字的末兩筆，一直向右斜曳，一橫作右高左低的斜曳，演化的方法和戈字完全一樣，無怪郭沫若要把它誤認爲從爪從戈了。"癸"字的古文在交叉形的四端都是一個小畫，到後來都變成斜曳。"巫"字本作 ✚，現在變成工字兩旁都作人形。"才"字的古文，本作下垂的尖角，上有柄形，後來中間一直曳長，尖角縮到字的中間，在金文裏往往在一畫下附一大點，但是後來變成一畫下附一短畫，而這個短畫也變成斜曳。"禽""萬"等字所從的"内"，在古文字裏多是在下垂直筆中加一個橫畫，後來把橫畫變成 ⇥，又把橫畫右端下垂，而本來下垂的直筆，却上曲而向右。"身"字在大肚子下加一個橫筆，演化爲由右至左的斜曳筆。"七"字怕和"十"字混亂，把下半向右彎而再下垂。"彳"字有時斜寫，到小篆裏變爲余忍切的乁字。

古"先"字上面像樹枝形，兩斜筆本是相對的，後來寫得參差了，就變成從止。但是"奔"字、"出"字，本多從止，後來都變從屮形了。許多方形，兩旁出了一些頭就變成日字，也有四邊都出頭就變成井字了。"厎"字從厂，右端揚起後，變成尸字，更變爲广字。"西"字本只作 ⊗，因爲外匡分兩筆寫，左邊頂上出了一些頭，後來又加上小橫筆，變

成卤字，又作卤，後來又把這小橫筆曳長詰屈，却又和下邊分開，就變成小篆的䣽字了。

許多文字是被割裂了的，"高"字本象高臺上有房子，小篆却分成三截，中間作圓圈。"尾"字本像人帶着一條尾巴，小篆却把尾巴毛分開作爲四個小點了。"亢"字本從大而在兩腿間有橫筆，現在分開了，上半像人字，下半像几字，而説是象頭頸了。"谷"字和"去"本是一字，上邊也從大（這個大是器蓋的象，不是人形），現在分裂成父字的模樣了。此外像"熏"字本從火柬聲，現在變爲從中從黑，"艮"字本像人回首向後，現在變爲從目從匕，這都是誤斷的結果。

隸書破壞篆形，草書破壞隸體，大都是結構和筆畫的演化，"亠"和"宀"，都是因起筆出些頭而變成一點的。"㞢"字變爲"之"，"刀"旁變作"刂"，"火"旁變作"灬"，"手"旁變作"扌"，是隸變。草書變得更多，有許多楷書却又受了草書的影響，像"幾"字變作"幾"，"於"字變作"扵"之類。總之，寫字的人，偶然在筆下有一些輕微的變異，往往就可以在字體上發生了影響，甚至於産生了新字。

二二　趨簡・好繁・尚同・別異

文字演化，從理論上説，應該是對着簡易的目標前進的，不過，有些時候，人們又覺得是繁複的好，由繁而簡，由簡而繁，總是跟着風氣跑的。

文字從圖畫變來，在圖畫裏畫得很肥實的物體，後來都變成了綫條；在物體上畫的文飾，後來也大半省略（例如虎身上的毛斑），有些字省下一部分，如"亯"字從四面角樓，只畫兩面，"韋"四邊的脚印，也只留了兩邊。"正"字是征字的古文，象兩隻脚印向一個城邑去（有時在這方框裏，也有兩隻脚印，那就有了四個脚印了），"各"字是"佫"字的古文，是兩個向着城來的脚印。"正"字和"各"字，就已都只是一個脚印了。"璞"字像在山洞裏採玉的一幅圖，"酾"字像一幅漉酒的圖，後來都只採取小部分。這都是"趨簡"的傾向。

有些圖畫文字常是有意增繁的：卜辭裏有一個"䢃"字，本只要畫一個人雙手捧着箕就可以了，在金文裏這是常見的；但這個寫字的人一高興，把這個人頭上加辛字（原是由僕人所戴的帽子形變成的），髀下垂了一條尾巴，羅振玉因此認錯了，説是"僕"字，不知只是"䢃"字的繁文。"東"字本象兩頭扎緊的一個橐形，在可以裝東西的大腹上，普通畫十字形或交叉形以象繩索，可是父乙尊的"東"字腹上橫直都畫了三道。"龜"字的背甲，有時只畫一個十字，有時可以多到十五格，所以研究古文字，得抓住一個文字的特點，而不能沾沾於筆畫的異同。

在趨簡的潮流裏面，有些人好繁是免不了的，"宝"字可以有玉有貝而作"寶"；"福"字可以從示從富，也可以從示從畐（即畐字）；"段"字可以從皿作"盤"，所以變成了"簋"。這種風氣一直延續到春秋戰國，《史籀篇》是這種繁文的一個代表，《説文》裏的"齋"字籀文作"齋"，就可以作一個例子。

除了形體的增繁，筆畫也有這種傾向，例如：上面有一平畫的字，總是再加上一短畫，《說文》在古文帝字下注：

古文諸上字皆從一，篆文皆從二，二古文上字。
辛、示、辰、龍、童、音、章，皆從古文上。

其實只是在一畫上添出一畫，並不是從上字。所以"元"字古文即"兀"字，"天"字在卜辭裏也一樣可以再加一畫。還有垂直綫中間，常常可以較肥，或加一點，這一點又引長做一畫，如"十"字古文只是一豎，本沒有橫畫的。上平的字，有時也加八字，例如"尚"字最古就只作"冂"，"豕"跟"豖"本只是一個字。"八"字形的中間又可以加一點，這一點可以引申做橫畫，也可以引申作直筆。垂直綫可以變成"内"字如上文所舉，也可以兩旁加點，如"丁"字變成"示"。字的下端如果是橫畫，下面也可加兩點，後來都變成"丌"字。字的中間有空隙，就常常可以填進一個或幾個點去，如"周"字古文作田，這四個空隙裏常有被填了點的。這種裝飾性的繁複，一直延續到春秋戰國之際，鳥蟲書是一個最顯著的代表。

小篆比大篆簡易，可也有反而繁複的，如"甲"字本只作"十"，現在改作"甲"，連"早""戎"等字都從了"甲"了。六國古文承襲東方古文字來的，比小篆要簡單得多，如："馬""爲"等字下半字都可以省去。隸書比篆書簡易，因爲有一部分是承襲六國文字的。草書又比隸書簡易，更發展而爲真書和行書，真書又發展出一種簡體字。

但是秦漢以後的文字，也有加繁的。那就是緟益字，"暴"字加日作"曝"，"然"字加火作"燃"，"岡"字加山作"崗"，"梁"字加木作"樑"，這種新字的發生，大抵是認爲舊有文字的意義已不够明瞭。近人胡懷琛作《簡易字說》，創一種怪論，把"莫"作"暮"，"采"作"採"，也算是簡易字，所以要把"河豚"寫做"鮰鰍"，"玩弄"寫成"抏挵"。也有人把"的"字再造出"迪""訥"等字。這種矛盾的心理，使"趨簡"跟"好繁"兩種傾向，可以同時存在。

許多簡化繁化的字，是受了同化作用的關係，"戈"字下畫斜曳，"乎"字末筆也斜曳，這是同化。"爵"字柱形下加兩點，作灬形，"聑"字本象一人張口側耳，是"聞"的本字，由於張口有些象爵的流，所以頭上也添了一個灬形。這是增繁的同化。"雞"字右旁本從"崔"（有冠的雞，非從山），"鳳"字本從"雚"或"雧"，現在變從"佳"或"鳥"，那是簡省的同化。"午"字寫成"幺"字的樣子，從午的"御"字，有的會從絲。"十"字變成了"甲"，"戎""早""卓"等字都跟着改。"二"字變成"貳"，又省作"弍"，後來就造出"弌""弍"二字。"鳳皇"的皇變成"凰"，"烟熅"的烟寫作"壹"，從吉，所以又造了一個從凶的"壺"字。凡同化的字，往往是由類進作用來的。

"高""亯""京""畗"等字，上半都作亠，"壴""声""青"等字，上面原多從屮，現在都把上半分開插入橫畫而作屮，垂直形的變中或變十，上畫平跟下畫平的加八形，這是同化。隸書裏"泰""奉""奏""秦""春"等字的上半相同；"簋"字好像從艮，"食"字好像從"良"，"鄉"字也好像從良，這也可以説是同化，當然，説是淆混，是更恰當的。

"玃"跟"猴"從犬，"豹"跟"貘"從豸（豸本象貍），"鼀"跟"鼈"從黽，"蟬"跟"蠆"從虫，"球"跟"璣"從玉，很多形聲字的偏旁總是似是而非，文字的類別，因之漸少，這也是一種同化。

別異是文字增多的主要原因：一個特殊的寫法，夤緣機會，往往可以變成別一個文字。"人"是側面形，"大"是正面形，很早就分作兩個字。"人"字又變作"儿"，"大"字又變作"亣"，只是寫法微有不同而已。"女"字變爲"母"，後者比前者多兩點，在古文字裏本是通用的。"子"字沒有畫出手來是"了"字，在古文字裏實在沒有分別。"自"字跟"凶"字，"小"字跟"少"字，"兀"字跟"元"字，"月"字跟"夕"字，都是後來纔分開的。"中"字本作"𠁁"，像旗常，上下有四斿，也有省去斿的（詳我的《殷虛文字記》），把有斿的作中間的中，無斿的作伯仲之仲，顯然是後起的。

由於意義而歧異的字，如："隹"的變爲"唯"跟"惟"，"立"的變爲"位"，"令"的變爲"命"，"鼎"的變爲"貞"，"正"的變爲"征"，以及草木蟲魚諸名字的增加偏旁，雖然，有些是無需的，可總是很正當的。

由兩個意義相對而生分別的，如：手分ナ跟右，因之"子"分爲"孒孑"，"行"分爲"彳亍"，這是一類。反"人"爲"匕"，反"正"爲"乏"，反"可"爲"叵"等，又是一類。別"授"於"受"，別"買"於"賣"，別"糶"於"糴"，別"捧"於"奉"，別"承"於"拯"等，又是一類。

由於讀音而歧異的字，一種是改易寫法，如："玉"字本無點，加一點讀若肅；"角"字讀若録，寫法很多，現在通行的是"角"；以及"余"變爲"佘"，"庫"變爲"庫"之類。一種是增加聲符，如中："古"加爲"嘏"，"反"加爲"叛"之類。一種是改作新字，如："首"改爲"頭"，"鳥"改爲"鴉"，"橐駝"寫作"駱駝"之類。一種是改易聲符，如："鸚鵑"變爲"鸚鵡"，"雎鳩"變爲"鶺鴒"，"藥"變爲"葯"，"作"變爲"做"之類。

中國文字是主形的，形體愈複雜，認識愈困難，所以單單是寫法上的歧異，在文字學上是一種障礙。在六國末年有過一次同一文字的運動，儒家的《中庸》裏就有這種思想，到秦始皇時算達到了，但同時却孕育了一種新文字——隸書，結果，作標準文字的小篆反而失敗了。

六朝以後，寫法又因歧異而混亂，我們只要看《碑別字》《金石文字辨異》《六朝別字記》等書，已可以知道一些概略。《康熙字典》的字數，據最近王竹溪先生計算，共四萬七千零二十一個（其中有些重出），如其我們把甲骨、金文、石刻、陶器、貨布、鉥印、磚、瓦、木簡，以至晋、唐寫本，宋、元刻本裏所有不同的寫法，都作爲一個單位去搜集，恐怕至少要比《康熙字典》增加十倍。由於六朝的混亂，隋以後有字樣之學，又是一種同文字的運動，《開元文字音義》是這種運動裏面一本重要的書。這本書雖已失傳，但這個運動却是成功的。由於印刷術的發生，這種釐定的字體，一直到現在還用作標準。

當然，別異的暗流，從未停止過，寫本書裏有簡俗字，俗文學書裏也有簡俗字，甚至於較重要的書如小字本《晋書》（海寧蔣氏藏本）也還免不了。最近，又有人在提倡簡字和手頭字了。由同而異，由異而同，文字演化的歷史，永遠是反復其道的。

二三　致用·觀美·創新·復古

文字原來是致用的工具，所以總是愈寫愈簡單，像卜辭裏把"龜"字寫作 凷，"鼎"字寫作 圐 之類，成爲很整齊的綫條，已經和記號一樣了。可是有些人是有藝術天才的，即使鍥刻工具，很不適用於圖畫，在卜辭裏還有近於圖畫的文字。商代銅器上的文字，有時就把它變成圖案，有時是嵌在圖案裏面，作爲圖案的一部；有時把綠松石嵌成文字。不過這種方法，大都只能用在文字較少的場所，況且不能處處適用，所以主要的還是在書法上求美觀。

如其要講書法，商朝的銅器文字，已經可以找出很多的不同型的範本。周朝初年，尤其講究，成王時期，幾乎無一不佳。康王時雄偉有餘，昭王時微見詭異，到穆王時却似乎只有秀麗了。中間似乎稍衰頹，到厲王、宣王時，有一部分依然很開展，有天朝的丰度。春秋以後地方文化逐漸抬頭，東方的鳥蟲書，是最講究裝飾的，西方的籀文，在石鼓文裏，也還可以看到一些大概。北方的燕、齊，南方的徐、楚，在書法上也是可分畛域的。

到了戰國末年，一般文字又趨向在致用一方面。秦國未統一以前，像呂不韋戈（始皇五年，西元前二四二年），所刻文字也很草率。統一以後，泰山瑯邪諸刻石，是曠世大典，用的是典型的小篆，説不定真是相斯的手迹，但是一般的權量詔文，依然有許多是草率的。秦朝因爲享國太短促了，小篆的命運既不長，隸書草書代之而興，這當然都是致用的文字。可是到了東漢，張芝、鍾繇一班人出來，隸草又變成了藝術，在點畫使轉上去求觀美了。曹喜造懸針篆，蔡邕造飛白，劉德昇造行書，邯鄲淳工於科斗文（即古文經），宋、齊以後，有些人寫雜體書，由三十六種加到一百二十種，可是大都是湊數的，並不爲人重視，庾肩吾所謂："並無味之奇珍，非趣時之急務。"所以，即使是古文跟飛白，唐以後也已失傳，主要的書法，實際上已集中在真行草三體了。

唐以前一個書法家，同時須負起釐正字體的使命，庾元威論書：

余見學阮研書者，不得其骨力婉媚，惟學擘拳委盡；學薄紹之書者，不得其批研淵微，徒自經營嶮急。晚途別法，貪省愛異，濃頭纖尾，斷腰頓足，一八相似，十小難分，屈等如勻，變前爲草，咸言祖述王、蕭，無妨日有訛謬，星不從生，籍不從來，許慎門徒，居然嗢噱，衛恒子弟，寧不傷嗟，註誤衆家，豈宜改習。

這是不講字學的書家，又說：

> 余少值明師，留心字法，所以座右作干畺字，不依義、獻妙迹，不逐陶、葛名方；作菸羹，不敩《晋書》，不循《韵集》。

一個書家如其能留心字法，所寫就可以真正，雖然，名家的碑帖裏，還免不了有些不合標準的字體，後來考試時是不能用的，但比那時的普通寫本已大不同了。

唐時有些書生以鈔書爲職業，所以有一種經生書。初期雕板印書和寫本是一樣的，明以後又專有一種由顏字變來的印刷體，橫畫瘦而右側盡筆時微頓，直筆多肥，撇上肥下瘦，捺上瘦下肥，千篇一律，以至現在的鉛字，這種印刷體和書寫體在字體上，也常有微細的不同。近年，用毛筆的人漸少，一般人都用金屬的筆，在書法上自然會有很大的影響。

文字的演化，本來總是日新月異的。商代的"斤"字畫出一把有柄的斧斤形，可是周代的"斤"字，變得很不同，向左變成向右，一筆變成兩筆，已是現代"斤"字的母體。

我們不曉得商、周兩代的"斤"字爲什麼這樣不同，可是很够證明文字隨時都會發生新體。

文字的新體有兩類，一類是新的寫法，一類是新字。商代的卜辭，可以由它們寫法來分期，周朝到六國，秦、漢的銅器，也可以由它們的寫法來分期。六國小鉥的書法跟漢印的書法，誰一見都可以分別。魏碑跟唐碑的書法，也很容易看出它們的不同。

説到新字，《爾雅》這一本書，就大部分都是新創的形聲字。"麋窊謂之罞"，在卜辭裏本畫一個網，下面有一個麋頭，現在作"罞"字，顯然是從网矛聲的一個新的形聲字了。周初這種新字一定很多，連文王武王也特別造了玟斌二字，就可以想見了。漢初的《倉頡篇》還只有三千三百字，揚雄的《訓纂篇》，加了二千零四十，一共是五千三百四十字，許慎説："羣書所載，略存之矣。"班固又加十三章，七百八十字，一共有六千一百二十字，説："六藝羣書，所載略備矣"。但到許叔重作《説文》却有一萬多字，這四五千字是什麼地方來的呢？固然，有些字是經典常用而字書漏列的，可是大部分總都是新字，例如"豉"字可寫作"敊"，把"尗"叫做"豆"是漢代的事，"敊"當然是新字了。

新字的來源有：

    1 譌字   如："竇"變爲"實"，"菥"變爲"菽"；又如：以"壄"爲"寅"，以"衍"爲"道"；

    2 別字   如："余"改作"佘"，"行"改作

“行”；

　　3　譌體　如：“前上爲草，能旁作長”，又如：
“席中安帶，惡上安西”；

　　4　別體　如：“疊”或爲“叠”，“對”或爲
“對”；

　　5　簡體　如：“學”省爲“孝”，“卷”省爲
“弔”；

　　6　合文　如：不用爲“甭”；

　　7　新象形字　如陸法言《切韵》所采“凹凸”
二字，王仁煦譏爲字妖，又如采自佛經的“卍”字。

　　8　新象意字　如：兩男夾一女的“嬲”字（見
《三倉》及嵇康《絶交書》），又如：“百念爲憂，言反
爲變，不用爲罷，追來爲歸，更生爲蘇，先人爲老”；

　　9　新形聲字　如：“景”加彡旁作“影”，“華”
改化聲作“花”。

再加有些人隨意杜撰，如：吳孫休爲他的兒子造了“霏”，
“霒”等八個字，後人因之也常爲姓名造新字，所以新字總是
一天比一天多的。

　　自然，復古的傾向，也是隨時可以看到的。卜辭裏“黽”
字跟“鼎”字，晚期的寫法倒比早期的還接近圖畫文字，這
就是復古的緣故。金文裏常有很晚的文字而是象形的，如羅
振玉所藏的魚鼎匕，總是春秋以後的銅器了，但是匕字很象
人形，有商代文字的遺風。漢以後，六國文字已不通行，學

者也還要學古文經裏的科斗文。晉以後連隸書都不會寫了，也還有人勉強來寫篆書。今隸盛行以後，隸書八分也成爲古字，行書盛行以後，章草、草書也成爲古字，只有好古的人纔去寫了。

一般人不會寫古文字，六朝以後纔有人用隸書來仿寫古文，於是有所謂隸古定，在文字裏又增多了一類。宋楊備得了一本隸古定的《尚書釋文》，就書刺皆以古文。洪氏《隸釋》是依照隸書寫的。清人研究《説文》，把小篆寫成楷書，許多經學小學的著作，都是用這一類文字寫的，近如章太炎、孫詒讓的書還都如此，是一般人所看不懂的，也是字典裏所沒有的，其意雖在復古，結果却變成創新了。

唐人所見古文字材料不多，唐高宗時的碧落碑，就用古文經跟石鼓文和別的材料湊合起來的。唐人寫古文往往如此，五代時的《汗簡》，就是一本總集。宋時雖發現了一些銅器，可是文字還是不多，楊桓、戴侗輩還是免不了拼湊的辦法。清末古文字材料比較已很多，吳大澂之流利用來寫古書，依然不够，所以還需用偏旁拼湊的辦法，這種復古，也總有新的意匠夾在裏面。

二四　淆混・錯誤・改易・是正・淘汰・選擇

圖畫文字把物體詳細畫出來，本是不容易淆混的，演化得愈簡單就愈容易淆混，在卜辭裏“丁”字和“日”字一樣，

"甲"字和"七"字一樣，口齒的"口"，和凵盧的"凵"一樣，"山"字和"火"字一樣，"足"字和"正"字一樣，"午"字空心像"幺"字，"凡"字出頭像"井"字。

金文也有這種毛病，"手"形跟"毛"字難分，"之"字跟"生"字難分。"氏"字跟"人"字有時也不易分。容庚曾把"壬申"釋成"土卩"，也是由於淆混。至於古文"大"字往往變同"矢"，"人"字往往變同"刀"，"勺"字往往變同"勹"，這是淆混又兼錯誤的例子。

隸書以後，"日"字跟"曰"字，"已"字跟"巳"字，"苟"字跟"茍"字，"磐"字跟"若"字，肉旁和月旁，木旁和手旁，冫旁和氵旁，心旁和巾旁，淆混現象，還是很多。

遠自商、周，文字已免不了錯誤，"帚"字本象可以做掃帚的一種草形，但那些小枝有時會寫做足形。"鬻"字是很深的款足鬲，下面有火，後來把鬲的身脫閞了，變成兩個人字的樣子（後來又變作弓形），而鬲底跟足形卻變作一個羊頭連在火上成爲"羔"字，所以在商、周之際的金文裏都用"鬻"字，到《説文》裏，"鬻"又錯成"鬻"，從美，而另外一個寫法作"鬻"，回復鬲形是對的，省去了火也未嘗不可，但是上面的雙弓，卻是無中生有，永遠留住這錯誤的痕迹了。"畐"字本畫出一個厚脣的器，後來變成從北從田，"鼺"字原來就從畐，"冀"字象人頂一個畐，在《説文》裏錯成了從北從異，到陳常陶釜的"畐"字更寫成三個人形而下面從田了。"奔"字本畫三個腳印，錯成從卉。從貝的字，後來往往從目。"俎"字本象置肉俎上，錯成了"宜"字。"躲"字本象引弓注矢，錯成了從身。這種例子很多，假如我們不相信古人已有錯誤，就沒有法子去研究古文字。我們只要一看這許多錯誤的事實，就不會再像前人那麼迷信《說文》，用秦漢的小篆，作辨字正俗的工具了。

"馬頭人爲長，人持十爲斗"，隸變的錯誤，是盡人所知的。"蔡中郎以豐同豊"，以及《小學篇》"陳"改爲"陣"，《字林》"準"改爲"准"，譌體反大見流行。"荼"變爲"茶"，"早"變爲"皂"，也都已習非成是了。字書上的譌別，盈千累萬，這是以形體爲主的中國文字的大弊。

許慎説："五帝三王，改易殊體。"錯誤是無心的，改易是有意去改的，"甲"字的由"十"形變作"申"，以致"早""草""戎""卓"等字都跟着改易。"葵"字本作"※"，改用從屮從矢聲的籀文後，《説文》裏只有"葵"還作本字。"乂"字改作"五"，"亖"字改作"四"，"單"字改作"単"，"罰"字改作"罸"，以及"刀"改爲"刁"，"沈"改爲"沉"，這種例子也是舉不完的。顏之推説：

> 大同之末，訛替滋生。蕭子雲改易字體，邵陵王頗興譌字，朝野翕然，以爲楷式。畫虎不成，多所傷敗，爾後墳籍，略不可看。

所謂譌體是"前上爲草，能旁作長"之類，大概由行草演化而來，嚴格說起來，是不能算改易的。"是正文字"本是小學家的一種工作，《漢書》：

> 《倉頡》多古字，俗師失其讀，徵齊人能正讀
> 者，張敞從受之。

又《杜林傳》說：

> 其正文字，過於鄴、竦，故世言小學者由杜公。

這和《後漢書》裏劉陶等的"是正文字"只是校勘書籍的意義是不同的。經過六朝文字的混亂，學者常有是正文字的企圖，《顏氏家訓·書證篇》：

> 世間小學者不通古今，必依小篆，是正書記。
> 凡《爾雅》《三倉》《説文》，豈能悉得倉頡本指哉？
> 亦是隨代損益，各有同異，西晉以往字書，何可全
> 非，但令體例成就，不爲專輒耳。考校是非，特須
> 消息。至如"仲尼居"三字之中，兩字非體，《三
> 倉》尼旁益丘，《説文》居下施儿，如此之類，何由
> 可從。古無二字，又多假借，以中爲仲，以説爲悦，
> 以召爲邵，以閒爲閑，如此之徒，亦不勞改。自有
> 訛謬，過成鄙俗，亂旁爲舌，揖下無耳，鼂䠶從龜，
> 奮奪從崔，席中加帶，惡上安西，鼓外設皮，鑿頭
> 生毀，離則配禹，壑乃施豁，巫混經旁，皋分澤片，

獵化爲獨，寵變成寵，業左益土，靈底著器，率字
自有律音，強改爲別，單字自有善音，輒析成異，
如此之類，不可不治。吾昔初看《說文》，蚩薄世
字，從正則懼人不識，隨俗則意嫌其非，略是不得
下筆也。所見漸廣，更知通變，救前之執，將欲半
焉。若文章著述，猶擇微相影響者行之。官曹文書，
世間尺牘，幸不違俗也。

他不主張完全用小篆來是正書記，而主張參酌今古，折衷於正俗
之間。唐以後盛行字樣之學，顏元孫《干祿字書》也說：

若總據《說文》，便下筆多礙，當去泰去甚，使
輕重合宜。

所以他的書裏每字分俗、通、正三類：

所謂"俗"者，例皆淺近，唯籍帳文案，券契
藥方，非涉雅言，用亦無爽，儻能改革，善不可加。
所謂"通"者，相承久遠，可以施表奏箋啓，
尺牘判狀，固免訛訶。
所謂"正"者，並有憑據，可以施著述文章，
對策碑碣，將爲允當。

和顏黃門的用意相近。但到了宋張有的《復古篇》，以及清代

的《說文》家，又完全以小篆爲主，要去是正文字。《說文》有"巍"無"魏"，不作魏字，傳爲美談，這正是顏氏所謂"不通古今"的小學家。

《說文》本身，已多譌字，"瘫"字本只作"隹"，和"雁"是一字。"戎"字本不從甲，"皇"字本不從自，此例甚多，學者如根據它們來是正文字，就更不得其正了。有些人妄想古字應如何寫法，例如說："易"是日月爲易，因作"昜"字；"貞"字古文應從貝，而造出"肖"或"別"二字來；又如說"東"是棟的古文，中間應從太極圖。從來是正文字的人們，這一類的怪說也常有得看見的，結果，只有多添出一些怪字而已。

甲骨卜辭在目前所能看見的，已有三千左右的不同的字，並且常有新材料增加，我們估計當時的文字決不止此，因爲一定還有許多文字在卜辭裏是沒有機會遇到的。就是這些已見的材料裏，不論甲骨銅器，總有許多文字是現在所沒有的，在字書裏找不出來，例如卜辭常見的一個國名叫"獷"（從前誤釋爲猶），金文常見的"鼻"（從前誤釋爲熊），所以，我們可以推想那時行用的文字，數量不會比後來的少。

一個時代，有一個時代的文字，某些字慢慢地廢掉，某些字慢慢地興起，但是字的數量是不會相去太遠的。李斯作《倉頡》七章，趙高作《爰歷》六章，胡母敬作《博學》七章，每種都不過一千來字，這都是爲教小孩的，所以後世村塾裏都把千字文來作識字的基礎。（崔實《四民月令》說"命幼童入小學，學篇章"，篇章是"六甲、九九、《急就》、《三倉》之屬"，六甲是書，九九是數，《急就》《三倉》是識字。梁武帝《答陶弘景書》"吾少來乃至不嘗畫甲子，無論於篇紙"，可見甲子只是習字，不是認字。甲子一共只有二十二字，聰明一些的兒童，一天就可以認識。但是一個認方字的兒童，在一兩個月內記憶五六百個字是不成問題的）。並不是秦代文字只有這些。

漢興，閭里書師合《倉頡》三篇，斷六十字爲一章，五十五章，三千三百字，中間還有些重見的。史游的《急就篇》，現在還存在，三十一章，二千零三十四字，也有複字。一直到元始中揚雄作《訓纂篇》順續《倉頡》，又把《倉頡》的重複字換掉了，共八十九章，五千三百四十個不同的字，許叔重說："羣書所載，略存之矣"。班固又加七百八十字，而說"六藝羣書，所載略備矣"。可見當時通用的字是六千左右。

張懷瓘《書斷》說：

和帝永初中（似當作永元中），賈魴又撰異字，取固所續章而廣之，爲三十四章，用《訓纂》之末字以爲篇目，故曰《滂熹篇》，言滂沱大盛，凡百二十三章，文字備矣。

《隋書·經籍志》：

《三倉》三卷，郭璞注。秦相李斯作《倉頡篇》，漢揚雄作《訓纂篇》，後漢賈魴作《滂喜篇》，故曰《三倉》。

庾元威論書則説：

> ……五十五章爲《三倉》上卷，至哀帝元嘉中，揚子雲作《訓纂》記《滂喜》爲中卷，和帝永元中賈升郎更續記《彥（盤音）均》爲下卷。皆是記字，字出衙人，故人稱爲"三倉"也。夫《倉》《雅》之學，儒博所宗，自景純注解，轉加敦尚。

跟前兩説初看似乎不同，不過賈魴的《滂熹篇》既取於《訓纂》末字，那末，庾氏所謂"揚子雲作《訓纂》記《滂喜》爲中卷"，仍只是《訓纂篇》爲中卷（記字可能是訖字之誤）。賈升郎大概是賈魴的號，《彥均篇》大概是賈魴本人所做的，和班固所做的《太甲篇》《在昔篇》相類，後人都併在《三倉》下卷，不能分別，就把《訓纂》末滂熹兩字來作三十四章的總名了。

庾元威又説：

> 許慎穿鑿賈氏，乃奏《説文》，曹産開拓許侯，爰成《字苑》。《説文》則形聲具舉，《字苑》則品類周悉……且書文一反，草木相從，凡五百六十七部，合一萬五千九百一十五字。

前記《三倉》總數一百二十三章，共七千三百八十字，現在《説文》據叙上説"九千三百五十三文，重一千一百六十三"，共一萬零五百十六字，又多出三千一百三十六字，所以説"許慎穿鑿賈氏"。晋吕忱《字林》據封演《聞見記》是一萬二千八百二十四字，後魏陽承慶的《字統》是一萬三千七百三十四字，曹産的《字苑》（《隋志古今字苑》十卷，曹侯彦撰）是一萬五千九百一十五字，顧野王《玉篇》是一萬六千九百一十七字，到《今本玉篇》就是二萬二千七百多字，再到司馬光《類篇》是三萬一千三百十九字，《康熙字典》就是四萬七千零二十一字。

做字書的人，總是愈多愈好，不管是古字、廢字、俗字、誤字，以及從没有人用過的字，完全杜撰出來的字，完全收羅在一起，所以時代愈晚，字數愈多。但是在《説文》的一萬多字裏，我們已可看出大部分是無用的字。我們現在可以收集出一本比《康熙字典》還加出幾萬字的新字彙，但是日常應用的，永遠只有五六千個字。

有許多字，在前世是盛行過的，給時代淘汰了，目前早已成爲廢字。有些字起源雖則很晚，在學者眼光裏是俗字，如："茶""花""打""抛""這""們"等，在自然選擇裏却被留下了，成爲最常用的字。

淘汰跟選擇，在中國文字歷史裏，曾經不斷地發展。我們還可以把用不着的文字儘量地淘汰，選出並保留若干重要的文字，用最少的文字來作記載，並包括一切思想或語言的工具，我相信中國文字是可以做成這樣的。

文字的變革

二五 古文字（殷商系・
　　　　兩周系・六國系）

　　商以前的文字，一直到現在，我們還没有見過，岣嶁碑是假的，紅崖所畫跟華族文字恐怕没有什麼關係。甘肅所出陶器，有幾處可能是很古的華族文字的旁支，可惜在目前所見的材料太少了。殷商文字，已經是形聲文字，我們可以想象遠在殷商以前，很早就發生了文字，但是就以商代說，我們可以證實的，也只在盤庚以後。

　　現在我們所能看見的殷商文字，主要的當然是甲骨卜辭跟銅器銘刻。甲骨上有寫的，也有刻的，有刻好後塗朱的。還有骨製的器具，如："柶"。跟鹿角製器的刻辭，又有獸頭上的刻辭。銅器文字都是范鑄的，有陰文跟陽文的分別。此外有一些玉器、石器跟匋器，都是刻的，只有一塊玉器上是寫的。還有一個骨柶跟一些兵器，都是刻完後用綠松石嵌起來的。

　　卜辭的材料較多，學者間已經作分期的研究，武丁時代許多雄偉整齊的書法，到了帝辛時代細如黍米的文字，是人所習知的了。"王"字在早期只作"大"，頂上一筆是後加的，我們雖然不敢相信那時的帝王忽然想起戴帽子這一個神奇的故事，這一畫的增加，究竟可以做時代畫分的疆界。其餘的文字，我們也往往可從形體上知道應該屬於那一期。

　　銅器銘刻就不如卜辭那麼清楚了。有些關於氏族徽識的部分，往往是很古的圖畫文字，是由很古的社會裏遺留下來的，但是我們不能確切地斷定它們的時代，因爲這種舊寫法是一直可以到周初還存在的，我們在商器裏由銘辭可以推斷出來的時代，都已在商末了。

卜辭在書法上總有一點特殊的意味，大概是鍥刻不是書寫的緣故。銅器的書法，可以分出很多的形式，有方峭的，也有圓潤的，可惜我們對於它們的時代先後，地域分布，都還不很明白。

兩周系的主要材料，還是銅器。周初的銘刻，顯然是繼承商代的，後來漸漸整齊起來，更雄偉起來，到康王時就有像盂鼎這樣的重器而且有幾百字一篇近於典謨誥誓的大文章了。西周文字，幾乎每個王朝都不很一樣，並且有生稱的王號，跟許多史實，如昭王伐楚荊等，我們可以找出若干時期很顯明的標準銅器，在修辭上，文字上，早期跟晚期的分別也很顯著，例如"貝"字，早期還跟商代相近，有些貝殼的形狀，後來就變成目字下垂兩筆了。

文字的演化，在短時期內是不容易覺察的，可是商文字和周文字是不同的，周初文字和厲、宣文字又是不同的，像厲王時的克鼎，已是有方格子的篆書了。散盤書法雖較不同，行款也是很整齊的。虢季子白盤的書法，簡直要使人懷疑它不是宗周時代了。

春秋以後，王室的勢力衰落，多個國家都在發展它本國的文化，除了秦國還繼承西周文字，北方的大國如齊跟晉，南方的像徐跟楚，都有過很高的文化，虢、鄭、魯、衛、陳、宋、邾、莒、滕、薛，幾乎各有各的文字，最後一直發展到吳、越。

春秋時齊國文字跟徐國文字，都是開風氣之先的，楚國也自有一種雄彊的風格。吳、越跟晉都可以作後勁，那時盛行的鳥蟲篆、奇字和錯金書，都在這三個國家。

六國系的文字，比起兩周來，就豐富多了。從材料來説，銅器也還不少，洛陽金村，安徽壽縣都有大批的出土。兵器是六國器的重心，符節是這個時期新有的。遠在商朝就有的銅器上的范母，現在變成了小鉩，不論公私都用得着，成爲一種鉩印文字。齊國燕國的匋器工人，有時在匋器上印了一個鉩，有時刻一些字，成爲陶器文字。貨幣在這時開始盛行，三晉用"布"，燕齊用"貨"，即所謂"刀"，楚國用"爰"，有仿貝的錢，所謂蟻鼻，最後也有圜錢，又專有一種貨幣文字。此外還有些零星的銀器、玉器、石器等。

金石盤盂都是有爲而作的，真正的古代文化，應該靠竹帛來記載的。可惜竹帛容易腐朽，在歷史上除了漢時的孔壁，晉初的汲冢，兩次都有大批的竹簡發現外，此外都是很零星的，到了唐以後，簡直就絕迹了。孔壁的竹簡，即是所謂古文經，汲冢的竹簡，有《紀年》，有《穆天子傳》。近年疑古的人們，往往不相信古文經，最近長沙發現的楚國古物裏除了大宗的漆器外，就有一塊帛書，上面有彩色的圖，又有長篇的文字，總算供給了我們一個可信的材料。北京大學得到了一個長沙出土的漆書帶鈎，也證明了漆書這一椿事實。長沙發見的是楚文字，汲冢是梁文字，孔壁是魯文字，漢人把孔壁發見的戰國末年人所寫的經書，誤認爲孔子手迹，又斷定孔子所寫的一定是原始古文，所以把古文經推尊得太過分了，把文字發生的時代都紊亂了。他們把用漆寫出，粗頭細尾的字稱爲科斗書，成爲書體的一種，一部分被保存在《説文》和三體石經裏面。

六國文字，地方色彩更濃厚了，以致當時有同一文字的理想。但除了圖案化文字外，一般有一個共同的趨勢，那就是簡化。用刀刻的，筆畫容易草率，用漆書的，肥瘦也受拘束，就漸漸開隸書的端緒了。

二六　大篆・小篆・八體・六書・雜體篆
（秦系・漢以後的篆書）

秦系文字是直接西周的，秦民族既然處在周地，無形之間就承襲了她的文化。宋世出土的秦公鐘，近代出土的秦公簋，鑄於春秋後期的秦景公時（西元前五七六——前五三七），離厲、宣時將三百年，可是文字是一脉相承的，只是稍整齊罷了。秦公簋的范，關於銘辭部分，似乎是用一個一個活字印上去的，比之克鼎上作方格，也是一種新的作風。

在材料方面，秦系並沒有六國這麼豐富，我們還沒有看見過陶器貨布等材料，虎符是將并天下時纔有的，權量較發展，印詔書的瓦量，有文字的瓦當也都起得很遲。貨幣或者只有圓錢，私鉢還很難辨別出有沒有秦式的，相傳的一些玉璽，是用鳥蟲書的。只有石刻，是這一系所獨出的（壇山刻石和孔子題季札墓都是後世僞託），徑方二寸以上的文字，每篇都有七十來字的長詩，一共有十石的石鼓（這是俗名，應該稱爲雍邑刻石）。這真是前古未有的偉迹。

這是歷史上最煊赫的一個刻石，從隋朝在天興縣的三時原發現以後，書法家欣賞它的字體，文學家吟詠這一個古迹，辯證注釋，可以彙集成一部大書，可是對於它的時代，幾乎沒有定論。剛一出土時，人們因爲它的字體跟《史籀篇》相近，認爲是史籀寫的，又因史籀相傳是周宣王太史，就斷定爲周宣王時。一直到鄭樵纔從文字來證明它是秦刻石。可是馬定國等又把它定爲後周，一直到近代還聚訟紛紜。自從古文字學發展後，秦刻石已沒有問題了。況且出土的地點，也本是秦地。只是年代還有爭論，震鈞、羅振玉、馬叙倫等主張是文公（西元前七六五——前七一六），馬衡主張是穆公（西元前六五〇——前六二一），郭沫若主張是襄公（西元前七七七——前七六六），馬叙倫跟郭沫若還反復辯難過。我從一開始就不相信襄公、文公二個年代，據《史記》文公十三年，"初有史以紀事"，據《呂氏春秋·音初篇》，秦穆公時纔有《秦風》，遠在襄公、文公時就有這種詩篇是不相稱的，它們的文字書法，也決不是春秋初期的作品。

一直到最近，我纔發現了一個原則，在銅器裏用"朕"字時，不用"吾"作代名辭，到用"吾"字時，又不用"朕"字，"朕"字在前，"吾"字在後。秦景公時的秦公鐘、秦公簋都還用"朕"字（西元前五七六——前五三七），而惠文王時的詛楚文却用"唔"字（西元前三一八年五國攻秦後），石鼓文用"遮""余""我"三字而不用"朕"，所以應該在景公之後，跟詛楚文接近。因爲要說成秦民族在春秋初期用"吾"，後期用"朕"，到戰國中葉再用"吾"是不可能的。

由於石鼓的出土在三畤原，吾車石說："即遮即時"，時就是畤，所以我也相信這原是畤裏的刻石。現在襄公文公的說法既無可能，而三畤原上除了文公的鄜畤外，還有靈公的吳陽上畤、吳陽下畤，所以我以爲這是靈公時的作品，靈公三年作上下畤，是西元前四二二年。

現在，我們可以研究它的書法，它顯然比秦公簋來得更整齊了，我們普通所謂玉筯篆，這可以說是創始者，《書斷》說：

> 乃開國古文，暢其戚銳，但折直勁迅，有如鏤鐵，而端姿旁逸，又婉潤焉。若取於詩人，則雅頌之作也。

但從另外一個觀點說，翟耆年《籀史》：

> 篆書行筆當行於所當行，止於所當止，今位置窘澀，促長引短，務欲取稱，如"柳"、"帛"、"君"、"庶"字是也。意已盡而筆尚行，如"以"、"可"字是也。……以器款"隹"字參鼓刻"惟何"、"惟鯉"之惟，則曉然可見矣。蓋字畫無三代醇古之氣，吾是以云。

我們只要把秦公簋和石鼓文相同的字，對照一下，如"帥""寵"等字，簋文是自然的，石鼓文就板滯而無生氣，哪一種文字晚出，就很容易知道了。

《漢書・藝文志》載《史籀》十五篇，注："周宣王時太史，作大篆十五篇，建武時亡六篇矣"。叙錄裏又說："《史籀篇》者，周時史官教學童書也，與孔氏壁中古文異體"。我們雖看不見《史籀篇》，在《說文》裏還保存了幾百個字，是儘量繁複的一種文字，和西周厲、宣期文字不一樣，可是和春秋時到戰國初期的銅器文字却很接近，秦公簋石鼓文也都是屬於這一系的。王靜安先生以爲這是西土文字，固然是有理由的，但他把《史籀》的篇名認爲是由"太史籀書"一語裏摘取兩字爲篇名，而不是人名，却近於玄想，全無根據的。《漢書古今人表》有史留，周壽昌以爲就是史籀，王先謙贊同周說，以爲"表次時代稍後"。其實《古今人表》把史留放在春秋戰國之際，正是《史籀篇》的真確時代，我疑心《藝文志》注裏面的周宣王應該是周元王，元跟宣音近而誤（西元前四七六——前四六九），後來凡說宣王，都受這個誤字的影響，只改正這一個字，那末，史留就是史籀，一切問題都可迎刃而解了。

總之，由春秋時到戰國初期的文字，就是所謂大篆，《史籀篇》只是大篆的一種罷了。從秦系文字來說，由景公時的秦公簋（西元前五七六——前五三七），到靈公三年的吳陽上下時刻石（西元前四二二），有一百幾十年，文字都是同一系的，但從此再過七十八年到孝公十八年的時候，商鞅造的量，跟戟上的刻銘，書法體勢就大不同了。商鞅的書法，纖細剛勁，這或者和鏨刻有關係，但筆畫究竟簡單多了，接近六國文字，也開了小篆的風氣。由此年後更二十六年（西元前三一八），而五國攻秦，纔有詛楚文，又是接近六國文字跟小篆的，一直到呂不韋戈，都是這樣。

新郪、陽城兩虎符，已經完全是小篆了。陽城符説："右在皇帝，左在陽陵"，可見已是併天下以後，但新郪符却是"右在王"，王靜安先生説此符當爲秦并天下前二三十年物，據我所考，則在秦始皇十七年滅韓置潁川郡以後，廿六年稱皇帝之前，這十年裏面（西元前二三〇——前二二一），可能就是剛置潁川郡時的新制，這時李斯早已用事了。

小篆在向來傳説中，都推是李斯草創的，班固在《倉頡》《爰歷》《博學》三篇下説：

> 文字多取《史籀篇》，而篆體復頗異，所謂秦篆者也。

許慎則説：

> 皆取《史籀》大篆，或頗省改，所謂小篆者也。

後來羊欣采古來能書人名就有李斯、趙高，説是善大篆，王愔《文字志》也有李斯、胡母敬、趙高三人。我們雖不必因《倉頡篇》等字書而把創小篆歸於這三個人，但是小篆確是經過有意的省改的，而且確在這一個時期內，是可以論定的。唐以前人崇拜嶧山碑，石本毀失後，木刻尚能盛行。現在可以看見的還有泰山刻石、瑯邪刻石，跟會稽刻石的徐鉉臨本，這種豐碑巨碣可能是李斯等寫的，而且在當時一定很重視，可以作同文字的標準。但如普通的權量詔版，恐怕只是郡縣小吏所寫，是隸書一類，一般人一概歸之相斯，只是佞古罷了。

《漢書·藝文志》有《八體六技》，《説文》：

> 自爾秦書有八體，一曰大篆、二曰小篆、三曰刻符、四曰蟲書、五曰摹印、六曰署書、七曰殳書、八曰隸書。漢興有草書。《尉律》："學僮十七以上始試，諷籀書九千字，乃得爲吏。又以八體試之，郡移太史，并課最者以爲尚書史，書或不正，輒舉劾之"。今雖有《尉律》不課，小學不修，莫達其説，久矣。

我們不知道所謂秦書八體，是不是當時官定的。李斯們既然要統一文字，罷其不與秦文合者，又取《史籀》大篆省改而作小篆，又稱秦篆，那末，假如是官定的字體，就不應該有大篆。這八體的出現，不能在秦并天下以前，因爲那時還沒有小篆跟隸書，可是也不能很晚，因爲蕭何的律裏已采用了。

李斯創議的書同文字，在二十六年并天下以後（西元前二二一），蕭何作律，不知在何時，假定與叔孫通創立朝儀同時，在漢高帝六年或其前後（西元前二〇一），相去纔二十年，可見李斯統一文字的主張，雖則當時就實行，却未能徹底，這是時間太短的緣故。在秦盛時，一般人不敢違抗，秦一敗亡，舊文化又完全出現了，所以秦書八體的說法，應該是秦漢之際纔有的。

1　大篆　從前學者總把大篆跟《史籀篇》混而爲一，是錯的，《史籀篇》只是用大篆寫的一本書，限《倉頡篇》是用小篆寫的一本書，情形正同。《說文》所采籀文出於《史籀篇》，而徐鉉本艸部有大篆從茻的五十三字，這五十三字的中間就有一個"葦"字是籀文，可見籀文跟大篆，並不是完全相等的。

段玉裁說："不言古文者，古文在大篆中也。"也不很對。大篆只是秦漢間人就他們所看見的較古的秦系文字，或是較接近這個系統的文字，並不能包括一切的古文字。

2　小篆　《初學記》說："始皇時李斯、趙高、胡母敬所作也。"如以此爲準，我們就得定《倉頡》《爰歷》《博學》三篇爲小篆，三篇已亡，就只好依據《說文》去推想了。傳世秦金石中較整齊畫一的，當然更是寶貴的標本。雖然跟《說文》不全相同，所謂"筆迹相承小異"，有些學者情願舍實證而取流傳，我們就不懂得了。

3　刻符　《初學記》説："施於符傳也。"一般人據新郪、陽城兩虎符，以爲就是刻符，其實兩符都是錯金書，非刻文。也都是小篆，非別體。我們要懂得什麽是刻符，應該注意這一個刻字，現在所見到的六國晚年的符節，如上虞羅氏舊藏的辟大夫信節跟我所藏的將軍信節，以及馬符、熊符、鷹符等，還有楚國的王命傳，都是刻的，都是真正的刻符。秦兵器很多是刻銘的，也應屬於這一類。從秦朝同一文字以後，一般人都習小篆，或者變爲隸書，六國文字幾已失傳。焚詩書以後，竹帛上的異體更不敢寫了。六國末年的兵器，又都銷毀。一般人只在若干符傳上還看見鍥刻的文字，所以就叫做刻符。這種文字因是刀刻的，不能宛轉如意，所以跟篆書很不同。

　　4　蟲書　春秋戰國之際就有鳥蟲書，大都用在兵器，鳥形跟蟲形的圖案，往往錯見。一直到漢代的瓦當和印文中還常見。《説文序》又説"鳥蟲書所以書幡信也"。史傳所記漢時工鳥篆的人還是很多。

　　5　摹印　摹印是璽印文字，這是誰都能知道的。但是我們應注意它的"摹"字，蕭子良把刻符摹印合爲一體，雖爲徐鍇所譏，但我們也應該注意刻符摹印兩種確是相對的。在八體裏，大小篆一組，蟲書和隸書一組，刻符摹印是一組，署書殳書又是一組。刻符是刻的，所以王愔《文字志》中有刻小篆，摹印是摹的，《文字志》中也單有一種摹篆。

《說文》：“摹，規也。”《漢書·高帝紀》“規摹弘遠矣”，注引鄧展曰：“若畫工規摹物之摹。”韋昭曰：“正員之器曰規，摹者如畫工未施采事摹之矣。”我們由此可以知道摹印是就印的大小，文字的多少，筆畫的繁簡，位置的疏密，用規摹的方法畫出來的。大小篆是寫的，刻符是刻的，摹印是摹的。六國時的鈢雖被統治階級專用了去，私印是人人都要用的，所以摹印一道，相傳不廢，直至如今。

6　署書　徐鍇《說文繫傳》引蕭子良說：“署書，漢高六年蕭何所定，以題蒼龍、白虎二闕。”又引羊欣說：“蕭何覃思累月，然後題之。”蕭子良的話本不一定可信，如說倒薤書是務光所造，簡直是神話，署書如真是蕭何所定，怎麼能說是秦書呢？

段玉裁說：“木部曰：‘檢者書署也。’凡一切封檢題字皆曰署，題榜亦曰署，冊部曰：‘扁者署也。’”這是很周到的一個解釋。《說文》：“檢書署也。”又：“帖，帛書署也。”《釋名》：“檢禁也，禁閉諸物使不得開露也。書文書檢曰署，署予也，題所予者官號也。”《急就篇》：“簡札檢署槧牘家。”顏師古注：“檢之言禁也，削木施於物上，所以禁閉之，所不得輒開露也。署謂題書其檢上也。”段玉裁在《說文》帖字下注：“木爲之謂之檢，帛爲之則謂之帖，皆謂幖題，今人所謂籤也。"檢署的制度，在近年發現的西陲木簡裏，還保存着，我們由此還可以看到一般署書的樣式（後世把題名叫做押署，也是由此演化來的）。

至於門榜稱署書，《說文》："扁，署也。從户、册，户册者署門户之文也。"漢朝在官署門上題的如"御史大夫寺"，所用的扁，實在是一塊方木（《說文》："楄部方木也。"），都是直書的，所以跟書函上的檢署，形質本完全相同。蕭子良所引蒼龍白虎二闕，雖不會是署書之始，但總是署書的一種。現存的太室、少室兩闕，上面一題"中嶽泰室陽城□□□"九字，一題"少室神道之闕"，可以作這種署書的樣式，那末，一切漢碑的碑額，都可以認爲署書了。

《說文》："關西謂榜曰篇。"所以漢末以後，往往稱臺殿樓觀門題爲榜，橫列的榜，起源大概是很遲的。榜書字形既大，又是要挂起來的，所以自漢以來，專有能手。

7　殳書　蕭子良《古今篆隸文體》說："殳書者伯氏之職，古者文既書笏，武亦書殳。"徐鍇《說文繫傳》："殳體八觚，隨其勢而書之也。"但是《初學記》却說："殳書銘於戈戟也。"段玉裁也說："言殳以包凡兵器題識，不必專謂殳，漢之剛卯，亦殳書之類。"所以近人都以兵器文字認爲殳書，這是錯誤的。

　　漢代的剛卯，明明指出是殳及，我們可以看出它是殳書的遺制，這種文字是較方整的，隨着觚形而產生的，所以我認爲秦代的若干觚形的權上較方整的書法，像枸邑權，就是殳書。

　　8　隸書　隸書本和篆書差不多，詳後章。

八體裏面，大篆、小篆、蟲書、隸書，是四種文字，刻符、摹印、署書、殳書，是四種字體，是由用途而區別的。

　　漢代篆書漸漸不通行，大篆當然更過時，只有蟲書和摹印還用得着，但是又發現了壁中古文經，揚雄之類又好奇字，在古文、小篆、隸書三種系統以外的奇字，所以王莽時代的六書，是（1）古文。（2）奇字。（3）篆書，即小篆。（4）佐書，即隸書。（5）繆篆，即摹印。（6）鳥蟲書，即蟲書。但是這時實際應用的文字，只有篆書、隸書，跟新興的草書了。

　　傳世的漢金文，是比較保守的，所以還有不少用篆書的。王愔《文字志》有尚方篆，就是屬於尚方的銅器工人的篆書。王莽時的權量貨幣的文字是很精的。至於石刻，除了碑額跟少室、開母兩闕外，就很少是篆書了。有名的篆書家有曹喜，蔡邕所謂“扶風曹喜，建初稱善”，衛恒説他“少異於（李）斯”，江式説：“小異斯法而甚精巧，自是後學皆其法也。”懸針、垂露、倒薤等篆，據傳説都是由他創始的。後來又有崔瑗，李嗣真説“爰效李斯，點畫皆如鐵石"，徐浩《古迹記》說他篆吕望、張衡碑，張衡碑到元時還存在，吾邱衍說：

> 張平子碑，崔瑗篆，多用隸法，不合《說文》，却可入印，全是漢篆法故也。

近年出袁安、袁敞兩碑很可能就是他寫的。衛恒說邯鄲淳師法曹喜，"略究其妙，韋誕師淳而不及也。……漢末又有蔡邕采斯喜之法，爲古今雜形，然精密簡理不如淳也"。羊欣說蔡邕"真定宜父碑文，猶傳於世，篆者師焉"。後世往往說蔡寫三體石經是錯的，衛恒《四體書勢》說"正始中立三體石經，轉失淳法"，可見是邯鄲淳一派書家寫的。同時在吳國有天璽紀功跟禪國山碑，現在都還可以見到。

晉以後，連碑額的篆書也寫不好了，一直到唐朝，纔有些人寫篆書，或仿古文，或寫垂針等體，而李陽冰中興篆籀，所謂："斯翁之後，獨至小生。"到五代徐鉉、徐鍇、郭忠恕等以後，去古愈遠，就可以不論了。

篆書是寫的，可是許多雜體篆是畫的，《初學記》引摯虞《決疑要注》說：

> 尚書臺召人用虎爪書，告下用偃波書，蓋不可卒學，以防矯作。

這種奇怪的畫法愈演愈多，所以徐鍇《說文繫傳》疑義篇說：

鳥書、蟲書、刻符、及書之類，隨事立制，同於圖畫，非文字之常也。——漢、魏以來，懸針、倒薤、偃波、垂露之類，皆字體之外飾，造者可述。而齊蕭子良、王融、韋仲、庾元威之徒，隨意增益，妄施小巧，以異爲博，以多爲貴。至於宋景之史，秋胡之妻，皆令撰書，厚誣前人，以成己學。是以王融作七國時書，皆成隸字，其爲虛誕，不言可明，是以一百二十文體，臣所不敢言也。

庾元威的一百二十體書見《法書要錄》，其中五十種是用彩色的，還有胡書天竺書之類。又説"復於屏風上作雜體篆二十四種"，後來夢瑛有十八體篆書，全無古法。篆書到了雜體，真是窮途末路了。

二七　隸書·楷法·八分·飛白

有些中國文字自古到今，一脉相承，古文的"一"字，現在還是一字，"文"作文，"宐"作字，沒有很大的差別。但是一般説起來，古文字跟近代文字有很大的不同，古文字是"篆"，近代文字是"隸"跟"草"。李嗣真"後書品"説"蟲篆者小學之所宗，草隸者士人之所尚"，士人所尚，只有隸草，篆書就成古文，只是小學家的典型了。

從篆到隸，本也不是突然改變的。《水經·穀水注》：

古隸之書，起於秦代，而篆字文繁，無會劇務，故用隸人之省，謂之隸書，或云：即程邈於雲陽增損者，是言隸者篆捷也。孫暢之嘗見青州刺史傅弘仁説：臨淄人發古冢得桐棺，前和外隱爲隸字，言："齊太公六世孫胡公之棺也。"惟三字是古，餘同今書，證知隸自出古，非始於秦。

張懷瓘《書斷》駁此，説：

案胡公者齊哀公之弟靖，胡公也。五世六公，計一百餘年，當周穆王時也，又二百餘歲至宣王之朝，大篆出矣。又五百餘載至始皇之世，小篆出焉，不應隸書而效小篆。然程邈所造，書籍共傳，酈道元之説，未可憑也。

考《史記·齊世家》，胡公當夷王時，張懷瓘説在穆王時是錯的。但是胡公是太公玄孫，不應説六世孫；《禮記》説："太公封於營丘，比及五世，皆反葬於周。"即使胡公是葬在齊的，他的都城在薄姑，爲獻公所殺，也未必葬到臨淄去。所以《水經注》這個故事是很可疑的。但是酈道元所説，由於轉輾傳聞，本就容易錯誤，並且這"胡公"的胡字，可能就是三個古字中的一個，而且更可能是被誤認了的。我們知道後來陳氏篡齊，也有太公，如其是這個太公的六世孫，那就是戰國末年了。總之，如説西周已有較簡單的篆書，是可以的，真正的隸書，是不可能的。春秋以後就漸漸接近，像春秋末年的陳尚（即《論語》的陳恒）陶釜，就頗有隸書的風格了。

六國文字的日漸草率，正是隸書的先導。秦朝用小篆來統一文字，但是民間的簡率的心理是不能革除的，他們捨棄了固有的文字（六國各有的文字），而寫新朝的文字時，把很莊重的小篆，四平八穩的結構打破了。這種通俗的，變了面目的，草率的寫法，最初只通行於下層社會，統治階級因爲他們是賤民，所以並不認爲足以妨礙文字的統一，而只用看不起的態度，把它們叫做"隸書"，徒隸的書。班固《漢書·藝文志》在所謂秦篆下説：

> 是時始建隸書矣，起於官獄多事，苟趨省易，施之於徒隸也。

許叔重也説：

> 是時秦燒滅經書，滌除舊典，大發隸卒，興戍役，官獄職務繁，初有隸書，以趣約易，而古文由此絕矣。

衛恒《四體書勢》説：

> 秦既用篆，奏事繁多，篆字難成，即令隸人佐

書曰隸字，漢因行之，獨符印璽幡信題署用篆。隸
書者篆之捷也。

三家都説由於官獄多事，纔建隸書，這是倒果爲因，實際是
民間已通行的書體，官獄事繁，就不得不採用罷了。（自宋以
來，獄辭裏多有俗語俗字，可以爲證。）衞恒説"隸者篆之捷
也"，倒是很恰當的。

隸書相傳是程邈作的，《説文》却繫在篆書下，説：

三曰篆書，即小篆，秦始皇帝使下杜人程邈所
作也。

所以衞恒《四體書勢》在"所謂小篆者"下，説：

或曰：下邽人程邈爲衙獄吏，得罪始皇，幽繫
雲陽十年，從獄中作大篆，少者增益，多者損減，
方者使圓，圓者使方，奏之始皇，始皇善之，出以
爲御史，使定書。或曰：邈所定，乃隸字也。

這個相傳的故事，段玉裁、桂馥等都以爲《説文》傳本有誤，
"秦始皇帝使下杜人程邈所作也"十三字應該繫在"佐書即秦
隸書"下。考《書斷》引蔡邕《聖皇篇》説："程邈删古立隸
文。"江式也説："隸書者始皇使下杜人程邈附於小篆所作
也。"段、桂等所改或許是對的。不過即使這類的故事是有來

歷的，我們也只能説程邈曾經創造過某一種字體，不能説是後世所有隸書是根據程邈所造而衍成的。

秦隸書，也稱爲古隸書，《顔氏家訓》：

> 開皇二年五月，長安民掘得秦時鐵稱權，旁有銅塗鐫銘二所，其書兼爲古隸。

可見秦權量詔版上的簡率一路，都是隸書。吾邱衍《字源七辨》也曾説：

> 秦隸書不爲體勢，即秦權漢量上刻字，人多不知，亦謂之篆。

現在所見西漢甘泉山元鳳間刻石，地節二年楊量買山記，五鳳二年刻石，河平三年麃孝禹刻石等，一直到東漢永平六年的褒斜刻石，永和二年的裴岑紀功碑等，都還跟篆書接近，是古隸的一派。漢哀帝時的陳遵，據説是一個善書的。

蔡邕《勸學篇》説："上谷次仲，初變古形。"衛恒《四體書勢》説："上谷王次仲，始爲楷法。"這又是隸書變革中的一個帶神話性的故事。蔡、衛都沒有説出時代。《書斷》引王愔《文字志》説：

> 次仲始以古書方廣，少波勢，建初中以隸草作

楷法，字方八分，言有模楷。

又引蕭子良説：

> 靈帝時王次仲飾隸爲八分。

張懷瓘以爲"二家俱言後漢而兩帝不同"。考《四體書勢》，靈帝時能書的人是師宜官，可見王次仲在靈帝前，蕭子良的説法是不足信的。王愔説是建初中，論時代倒可以仿佛，可惜没有確證。又《水經·灢水注》説：

> 上郡人王次仲，少有異志，年及弱冠，變倉頡舊文爲今隸書。秦始皇時，官務煩多，以次仲所易文簡，便於事要，奇而召之，三徵而輒不至。次仲屢真懷道，窮數衛之美，始皇怒其不恭，令檻車送之。次仲首發於道，化爲大鳥，出在車外，翻飛而去，落二翮於斯山，故其峯巒有大翮、小翮之名矣。

這個神話在張懷瓘引的《序仙記》，《太平廣記》引的《仙傳拾遺》都記載過，張氏還引楊固《北都賦》説：

> 王次仲匿術於秦皇，落變翮而沖天。

由於這些民間傳説，我們知道王次仲在當時的聲名本不很大，後世只由書法而推崇他，要追考他的真正的史實，却頗爲困難了。但在班固許慎時還没有關於他的傳説，可見不會太早的。

隸書在早期裏，只是簡捷的篆書，本没有法則的，到西漢末年逐漸整齊起來，並且有了波勢，像西陲所出五鳳元年簡（西元前五七），已經是精美的隸體了。石刻裏面，像元興元年的王稚子闕（西元一〇五），元初二年的子游殘碑（西元一一五），都可以表現這種新的書法。傳説中的王次仲，當建初時（西元七六——八三），始作楷法，可見是這種變古形的書法中的一位有名書家。楷法後來又叫做楷書（王僧虔説韋仲將善楷書）。

《晋書·衛恒傳》：

> 上谷王次仲始作楷法，至靈帝好書，時多能者，而師宜官爲最，大則一字徑丈，小則方寸千言，甚矜其能。或時不持錢詣酒家飲，因書其壁，顧觀者以酬酒，討錢足而滅之。每書輒削而焚其柎。梁鵠乃益爲版而飲之酒，候其醉而竊其柎。鵠卒以書至選部尚書。宜官後爲袁術將，今鉅鹿宋子有耿球碑，是術所立，其書甚工，云是宜官也。梁鵠奔劉表，魏武帝破荆州，募求鵠……署軍假司馬。在秘書，以勤書自效，是以今者多有鵠手迹。魏武帝懸着帳中，及以釘壁玩之，以爲勝宜官。今官殿題署，多

是鵠篆。鵠宜爲大字，邯鄲淳宜爲小字，鵠謂淳得次仲法，然鵠之用筆，盡其勢矣。鵠弟子毛弘教於秘書，今八分皆弘法也。漢末有左子邑，小與淳、鵠不同，然亦有名。

由此可見隸書楷法盛於靈帝（西元一六八──一八九）以後，衛恒卒於晉惠帝元康元年（西元二九一），敘述一百多年的歷史是很可以相信的。説：“今八分皆弘法也。”可見八分之名是漢末以後纔有的。

八分的名稱，異説最多，較古的有兩種：

一　《古今法書苑》引蔡文姬説：“臣父造八分，割程隸八分取二分，割李篆二分，取八分。”

二　張懷瓘引王愔説：“次仲始以古書方廣，少波勢，建初中以隸草作楷法，字方八分，言有模楷。”

前説是否真是蔡文姬説的，不可知。江式説：“詔於太學立石碑，刊載五經，題書楷法，多是邕書也。”張懷瓘引王隱、王愔並説：“飛白變楷制也。”飛白據説是蔡邕創作的，那末蔡邕寫的本就是楷書，後世把楷法一概叫做八分，又誤認蔡氏寫三體石經，徐浩《古迹記》説：“蔡邕、鴻都三體石經；八分：西岳、光和、殷華、馮敦等數碑。”李嗣真《後書品》説：“蔡公諸體，唯范巨卿碑風華豔麗，古今冠絕。”竇臮

《述書賦》：“伯喈三體，八分二篆。”漢、魏石經，現在都看得見，西嶽華山碑、范巨卿碑，也有傳本，割程割李的說法，顯然是虛誣的。

張懷瓘說：

> 楷隸初制，大範幾同，故後人惑之，學者務之，
> 蓋其歲深漸若八字分散，又名之爲八分。

李陽冰也以爲像八字，勢有偃波。後來郭忠恕以爲是“八體之後，又分此法”。黃庭堅等以爲用筆須八方分布周密，劉熙載、康有爲等以爲八分不是定名，小篆取大篆八分，漢隸取小篆八分，今隸取漢隸八分。

這種後世的推測，大都是刻意求深。我以爲只有王愔的說法是對的。王愔《文字志》載古書三十六種有楷書而無八分，可見楷書就是八分。衛恒說師宜官“大則一字徑丈，小則方寸千言”，而毛弘的教秘書卻只是八分，這很像近代所謂寸楷，一般要學書，非得從八分楷法入手不可。像漢石經之類，正是八分的樣式。所以名爲“八分”，實際本只是一個尺度，慢慢就演變成一種書體，反替代了楷法的舊名了。（例如五言詩可單稱爲五言。）羊欣采古來能書人名說“王次仲作八分楷法”，用了後起的名稱，其實八分楷法，只是楷法中的一種罷了。

六朝以後，把東漢末年的楷書叫做八分。而把魏晋以後的正書，叫做隸書，唐人看慣了這種區別，所以認爲分先於隸，不知道實際應該是倒過來的。

隸書本是簡率的草書，但是到了有了楷法以後，學習也就不容易了。加以享名的書家，一天一天多起來，各出新意，因之也有許多雜體，如：飛白、散隸、龍爪書之類，而飛白學者很多，有些像古代的鳥蟲書。它的起原總在漢末，王隱、王愔所謂"本是宮殿題署，勢既徑丈，字宜輕微不滿，名爲飛白"，羊欣特別舉出吳時張弘，所謂張烏衣特善飛白，而蕭子良説是始於蔡邕。唐時唐玄度的十體書有：

　　　古文　大篆　八分　小篆　飛白　倒薤篆　散隸
懸針篆　鳥書　垂露書

而張懷瓘的十體是：

　　　古文　大篆　籀文　小篆　八分　隸書　章草
行書　飛白　草書

都有飛白，可見是很通行的書體。在庾元威的一百二十體裏還分出飛白篆，飛白草。到唐時，李約得到蕭子雲飛白書蕭字，建爲蕭齋。現在還存在的昇仙太子碑，每筆都有鳥形，似乎攙入了鵠頭書。到宋時，飛白還很流行。

二八　草書·章草·草藁·今草·狂草

古代所謂草，都是草藁，秦書八體裏没有草書，《尉律》

裏還只有八體，可見草一定起在隸之後。《説文》："漢興有草書"，本沒有確切的時代。趙壹《非草書》説：

> 夫草書之興也，其於近古乎？上非天象所垂，下非河洛所吐，中非聖人所造。蓋秦之末，刑峻網密，官書煩冗，戰攻並作，軍書交馳，羽檄紛飛，故爲隸草，趣急速耳。

梁武帝《草書狀》引蔡邕説略同，都是任意推測。張懷瓘説："諸侯爭長之日，則小篆及楷隸未生，何但於草。"是很對的。

我們現在所看見的有年號的木簡，早到西漢武帝時，那時只有較草率的隸書，所以庾肩吾《書品》所説"草勢起於漢時，解散隸法，用以赴急"，比較近理。到建武二十二年（西元前四六）的一簡，却顯然已是草書了，所以草書的成熟，至晚也在西漢末，東漢初。它大概是逐漸演化成的，所以要找一個真正的創始時期，很不容易。

草書的傳説裏，一般是推源於杜操的，蕭子良説："章草者漢齊相杜操始變藁法。"但是有些人更向前推到《急就章》，所以説是史游作，王愔、張懷瓘都作此説。其實《急就》本是教小孩的書，應該用通行的字體，所以目前發現的木簡，都是用隸書寫的。假使史游時還没有草書，他決不會造一種新字體來寫一本新字書的。到後來草書流行後，有人用草書來寫，倒是平常的事情了。所以只用常識來判斷，這一説是不可能的。

《後漢書·宗室傳》説東海敬王劉睦"善史書，當世以爲楷則，及寢病，帝驛馬令作草書尺牘十首"，這大概是明帝永平十七年（西元七四）的事情，我們看見建武廿二年跟永平十一年兩簡，就可以想像當時的草書了。所謂史書者，大概是指令史們寫的字，前人往往誤以爲《史籀篇》，錢大昕以爲是隸書，不過據《劉睦傳》跟《魏志·管寧傳》，都指尺牘而説，那就像近代的寫八行書了。這種字要時髦的，草書在東漢初正是時髦的書體。

從建武到建初，又隔了三幾十年，纔有杜操，蔡邕《勸學篇》所謂"齊相杜度，美守名篇"，衛恒《四體書勢》也説"至章帝時，齊相杜度，號善作篇"。趙壹《非草書》説：

> 余郡士有梁孔達、姜孟穎者，皆當世之彥哲也。然慕張生之草書，過於希顏、孔焉。孔達寫書以示孟穎，皆口誦其文，手揩其篇，無怠倦焉。於是後學之徒，競慕二賢，守令作篇，人撰一卷，以爲秘玩。

可見草書初行，是要作篇的。《説文》："篇書也。"《纂文》："關西以書篇爲書籥。"《説文》又説："籥，書僮竹笘也，笘，穎川名小兒所書寫爲笘。"那末，作篇是給學者臨寫的。杜度作篇跟王次仲作楷法是同樣的意義，還有扶風曹喜的篆書，三人都是建初時，漢代的書法從那時期起更加昌盛了。

衛恒説：

　　齊相杜度號善作篇，後有崔瑗、崔寔，亦皆稱工。杜氏殺字甚安而書體微瘦，崔氏甚得筆勢而結字小疎。弘農張伯英者，因而轉精甚巧。凡家之衣帛，必書而後練之。臨池學書，池水盡黑。下筆必爲楷則，號匆匆不暇草書。寸紙不見遺，至今世尤寶其書，韋仲將謂之草聖。伯英弟文舒者次伯英。又有姜孟穎、梁孔達、田彥和及韋仲將之徒，皆伯英弟子，有名於世，然殊不及文舒也。羅叔景、趙元嗣者與伯英並時，見稱於西州，而矜巧自與，衆頗惑之，故英自稱上比崔、杜不足，下方羅、趙有餘。河間張超亦有名，然雖與崔氏同州，不如伯英之得其法也。

張芝卒於獻帝初平中（西元一九〇——一九三），和蔡邕同時，較鍾繇爲早。張芝既上比崔、杜，韋仲將又説張芝是草聖，後來索靖又出於韋誕，這都是北方的書家。南方的皇象，據説師於杜度，《抱朴》也稱爲書聖。

張懷瓘引歐陽詢《與楊駙馬書章草千文批後》云：

　　張芝草聖，皇象八絶，並是章草，西晉悉然。迨乎東晉，王逸少與從弟洽，變章草爲今草，韵媚宛轉，大行於世，章草幾將絕矣。

張懷瓘以爲今草起於張芝，所以説：

　　　案右軍之前，能今草者不可勝數，諸君之説，
　　一何孟浪。欲杜衆口，亦猶躡履滅迹，扣鐘銷音也。

張説是錯誤的。韋誕、衛恒，稱述張伯英的草聖，從來沒有
説他有新體。羊欣説衛瓘採張芝法，拿他父親衛覬法參合，
“更爲草藁，草藁是相聞書也”。這是受了鍾繇的行押書的影
響，行押書也是“相聞者也”，所以王愔説：“藁書者，若草
非草，草行之際。”這是草書第一次的改新體。
　　王僧虔論書説：

　　　亡曾祖領軍洽與右軍書云：“俱變古形，不爾，
　　至今猶法鍾、張。”右軍云：“弟書遂不減吾。”

又説：

　　　張芝、索靖、韋誕、鍾會、二衛，並得名前代，
　　古今既異，無以辨其優劣，惟見筆力驚絕耳。

可見從張、索到二衛，是舊體，右軍跟王洽，變古形爲新體，
歐陽詢還知道這歷史。張書本已寸紙不見遺，唐人常取二王

書，偽託伯英，所以張懷瓘就誤認漢時就有今草了。

因爲把王氏弟兄的新體稱爲今草，所以把張、索舊體稱爲章草。章草的名稱，羊欣已這樣説了。前人對於章草多誤解，有人主張因漢章帝而叫章草，有人主張可以作章奏用，有人主張是史游寫《急就章》的草書。不知古人説"章"和"篇"的意思相同，都是教小孩的。《倉頡》等篇都要分章，《急就篇》又叫做《急就章》，所以説"請道其章"。《廣雅·釋器》，篇章兩字都訓爲程，所以鍾繇有章程書，"傳秘書，教小學者也"。那是楷隸，所以羊欣説王廙（右軍叔，書爲右軍法）能章楷，傳鍾法。章楷跟章草，意義完全相同。

草書到了唐以後，又出新體，那是張旭的狂草，寫出來別人多不能識，就完全變成藝術，失去草書的意義，而草書也就衰落了。

二九　行書·正書（真書）

行書的出現，是楷隸簡化的結果。衛恒《隸書勢》説：

> 魏初有鍾胡二家，爲行書法，俱學之於劉德昇，而鍾氏小異，然亦各有巧，今大行於世云。

就把行書附屬於隸書裏面。羊欣説：

> 劉德昇善爲行書，不詳何許人。潁川鍾繇，魏

太尉，同郡胡昭，公車徵，二子俱學於德昇，而胡書肥，鍾書瘦。

又張懷瓘説：

> 劉德昇字君嗣，穎川人，桓、靈之時，以造行書擅名。雖以草創，亦豐妍美，風流婉約，獨步當時。胡昭、鍾繇並師其法，世謂鍾繇行押書是也。而胡書體肥，鍾書體瘦，亦各有君嗣之美。
>
> 胡昭字孔明，穎川人……甚能史書，真行又妙，衛恒云："昭與鍾繇並師於劉德昇，俱善草行，而胡肥鍾瘦。書牘之迹也，動見模楷。"羊欣云："胡昭得其骨，索靖得其肉，韋誕得其筋。"張華云："胡昭善隸書。"茂先與荀勗共整理記籍，立書博士，置弟子教習，以鍾、胡爲法。嘉平二年公車徵，會卒，年八十九。

可見當建安末毛弘以梁鵠派的八分楷書來教秘書，隔了六十多年，晋初的書博士已以鍾、胡的新體，行書爲法了。張懷瓘又引王愔説：

> 晋世以來，工書者多以行書著名，昔鍾元常善行押書是也。

可見行書流行的盛了。

　　鍾氏本以學劉德昇的行書出名的，但後世却不推重他的行書而推重他的正書。王羲之自比於鍾、張，李嗣真《後書品》裏前於羲之的，就是張芝草，鍾繇正。徐浩論書説："鍾善真書，張稱草聖，右軍行法，小令破體。"張懷瓘説：

　　　　真書絶世，剛柔備焉。點畫之間，多有異趣……秦、漢以來，一人而已。……其行書則羲之、獻之之亞，草書則衛索之下，八分則有魏受禪碑，稱此爲最。

可見行書已爲羲、獻突過，只留下一個正書讓他第一了。

　　古只有楷書，並没有正書的名稱，王僧虔自誇正書第一，纔有正書的名稱，正書原是章程書。羊欣説：

　　　　鍾書有三體：一曰銘石之書，最妙者也。二曰章程書，傳秘書，教小學者也。三曰行押書，相聞者也。（王僧虔作行書是也。）三法皆世人所善。

今所見鍾氏銘石之書，是受禪表，章程書是賀捷、力命、季直等表，而行押書是墓田丙舍帖。相傳僞託的王右軍題衛夫人筆陣圖後説：

　　　　八分古隸相雜，亦不得急，令墨不入紙，若急

> 作，意思淺薄而筆即直過，惟有章草及章程行押等，
>
> 不用此勢，但用擊石波而已。其擊石波者缺波也。

這一定是唐以前略懂書法的人僞作的，可以看見章程行押都和八分（應説楷書）的波法不同。

《漢書・高帝紀》：“張蒼定章程。”注：“法式也。”那末，章程書是傳秘書，教小學的法書。韋續《五十六體書》説：“八分書，魏鍾繇謂之章程書。”張懷瓘《書斷》説：“八分時人用寫篇章，或寫法令，亦謂之章程書。”前人以爲是錯的。其實八分楷法本是由形體大小來説的，章程書的字形大小差不多，也未嘗不可説是八分的新體。

漢世本只有隸書的楷法，跟草書的篇章，到漢末纔有劉德昇的行書。行書本是楷隸的簡別字，所以容易流行。到鍾繇，除了用行書來寫相聞書，用楷法來寫碑刻外，寫八分時，却參入了行書的體勢，成爲一種新體，那就是章程書了。章程書居楷行之間，似楷非楷，跟草藁的似草非草，草行之際是一樣的。因爲字大八分，所以鍾、王都是小真書，而且右軍的小楷都是寫給子侄們的。

章程兩字的合音，是正字（平聲），後世把章程書讀快了，就變成正書，又變成真書。就字面上看，真與草可以對稱，例如真本和草藁，虞龢所謂“于時聖慮，未存草體，凡諸教令，必應真正”，所以這名詞就被通用，反把章程書的舊名忘了。這種新體，依然是由隸書演化下來的，所以一直到唐人都還稱爲隸，也稱爲楷，可是唐人却誤把舊的楷隸叫做

八分了。

鍾繇的章程書，實在也不脫隸意，我們所見晋人寫佛經很多，最早的年號是元康六年（西元二九六），距鍾繇的死（西元二三〇），纔六十多年，可以看見正書初起時樣式。

正書的書法，到王羲之兄弟也是變過的，所以說"俱變古形，不爾至今猶法鍾、張"，變鍾是指正書說的。梁虞龢說：

> 夫古質而今妍，數之常也，愛妍而薄質，人之情也。鍾、張方之二王，可謂古矣，豈得無妍質之殊。

可見二王在當時確是趁姿媚的俗書，而現在流傳的二王帖，都經唐人摹拓，又輾轉傳刊，更看不見一毫古意了。

六朝以後，盛行二王，如羊欣、王僧虔、蕭子雲、阮研、陶弘景以至於智永、虞世南、褚遂良等，都是正書的系統。但銘石的文字，却還是楷書的系統。楷書雖也把隸書的體勢，變成新體，究竟比真書古雅，所以從唐、宋、元、明，帖學由極盛而衰以後，清代書家又盛行提倡魏齊碑誌，阮元有北碑南帖之說，不知一種是楷書，一種是真書，本非同體。南朝的碑誌，同樣也是楷書。歐陽詢也還是楷書的系統，一直到虞、褚用真書，唐太宗用行書來寫石刻，這種界限纔打破。到了顏、柳以後，就連二王也成爲舊體了。

隸書古拙，草書訛謲，真行介在中間，容易學，容易寫，於是成爲近代文字裏最通行的文字。

三十　經生書・刻書體・簡俗字（手頭字）・簡體字・基本字

　　書體的嬗變，和工具是有關係的。周時用竹簡，孔子壁中書跟汲郡魏襄王冢所發現，都是竹的，所以簡策等字都從竹。漢時盛行木柎札牒尺牘，從宋以來西陲發現的都是木的。簡牘之外，也用帛素，價值既高，不很通行。張芝家裏的衣帛，都要書而後練，可見帛不易得。師宜官在酒家書壁是在木柎上的。梁鵠的手迹，魏武帝懸着帳中，又以釘壁，當然也是木柎。杜度作篇，大概就是方木，《急就章》是寫在觚上的。總之漢人的工具總還不很方便。後漢和帝時蔡倫纔用樹皮、麻頭、破布來做紙，元興元年奏上（西元一〇五），到漢末一百多年，又有左伯的紙很有名。張懷瓘説：

> 初青龍中，洛陽、許、鄴，三都宮觀始成，詔令仲將大爲題署，以爲永制。給御筆墨，皆不任用。因曰：“蔡邕自矜能書，兼斯、喜之法，非流紈體素，不妄下筆。夫工欲善其事，必先利其器。若用張芝筆，左伯紙，及臣墨，兼此三具，又得臣手，然後可以建徑丈之勢，方寸千言。”

可見一般的紙還不能用，所以蔡邕非紈素不可。

但從西陲所出的寫經尺牘來看，紙在晉初已經盛行了。紙的發明，對於寫書是方便的，尤其多的是寫佛經道經，王僧虔説：

謝靜、謝敷，並善寫經，亦入能境。

可見寫經已爲專門。從晉到五代，七百多年，字體雖數變，但經生字體，好像一脉相傳，没有問斷過。大概六朝都是占體，隋唐以後，都學鍾、王，也有虞、褚，晚唐以後，纔見顏字，除了惡劣不成字的以外，大體總是相近的。歐陽修跋《遺教經》説：

右《遺教經》相傳云羲之書，僞也。蓋唐世寫經手所書。唐時佛書今在者，大抵書體皆類此，第其精粗不同爾。近有得唐人所書經題，其一云薛稷，一云僧行敦書者，皆與二人他所書不類，而與此頗同，即知寫經手所書也。然其字亦可愛，故録之。蓋今士大夫筆畫能仿佛乎此者鮮矣。

《宣和書譜》所載有張欽元，法鍾繇，不墮經生之學。楊庭爲時經生，作字得楷法之妙。以及吳彩鸞、詹鸞等所書《唐韵》，清代很有人推重《靈飛經》，其實都是經生書。

經生書是繼承章程書就是正書的嫡統的，以書法而論，往往可入能品，它們的毛病，只是寫得太多太熟，也太拘於成法。董逌《廣川書跋》有唐經生字一條：

> 書法要得自然，其於規矩權衡，各有成法，不
> 可遁也。至於駿發陵屬，自取氣決，則縱釋法度，
> 隨機制宜，不守一定，若一切束於法者非書
> 也。……後世論書法太嚴，尊逸少太過。如謂《黃
> 庭》清濁字三點爲勢，上勁側，中偃，下潛挫而趯
> 鋒。《樂毅論》燕字謂之聯飛，左揭右入。《告誓文》
> 客字，一飛三動，上則左豎右揭。如此類者豈復有
> 書耶？又謂一合用、二兼、三解橛、四平分，如此
> 論書，正可謂唐經生等所爲字，若盡求於此，雖逸
> 少未必能合也。

其實只有這種寫本，還存古法，宋以後，刻板書盛行，除了
趙子昂等一兩人以外，小楷也成了絕學了。

在寫本裏，簡俗字隨時可以發生。庾元威所謂：

> 晚途別法，貪省愛異，濃頭纖尾，斷腰頓足，
> 一八相似，十小難分，屈等如勾，變前爲草。咸言
> 祖述王、蕭，無妨日有訛謬。星不從生，籍不從末。

顏之推說梁朝"大同之末，訛替滋生，蕭子雲改易字體，邵
陵王頗行僞字，前上爲草，能旁作長之類是也"。有些字是只
在寫本裏見到的，庾元威所謂"尒尋由乎内典"，以及菩薩作

井等。唐時又有文子爲孝等俗字。

有了刻本以後，文字漸漸有定型，但在宋時的坊本，還很多簡俗字。《示兒編》引《字譜總論訛字説》：

> 久矣，俗書字體，分毫點畫訛失，後學相承，遂成即真，今考訂其訛謬，疏於後。
>
> 且如蟲之虫，虫音虺字；須之湏，湏古頮字；關之開，開音弁字，又扶萬反；船之舡，舡音航；商之商，商音的；蠶之蚕，蚕音朕；鹽之鹽，鹽音古；美之美，美音羔；體之体，体音坋；本之夲，夲音滔；匹之疋，疋音雅，又音所；麥之麦，麦音陵；凡此非爲訛失，是全不識字也。
>
> 又如顧之顾、霸之覇、喬之高、獻之献、國之国、廟之庿、辭之辝、殺之煞、趨之趍、廚之厨、錢之乡、齊之齐、齋之斋、學之斈、臺之臺、寶之宝、驅之駆、棲之栖、甕之瓮、兔之兎、遲之遅、著之着、槀之槀，繩之縄、飯之飰、備之俻、豬之猪、鄒之邹、若之若、肅之肃、襄之襄、繼之継、斷之断、嬾之妳、獪之狯、診之诊、珍之珎、參之叅、泰之泰、恭之恭、醉之醉，凡此皆俗字也。
>
> 又有暴字之類者，上有日矣，旁又加日焉，類如莫之暮、基之堪、然之燃、岡之崗，凡此皆偏旁之贅者也。又有尊樽字只一字耳，而旁又加木焉。

如昏之婚、女之汝、匊之掬、與之歟、回之迴、圍
之圉、果之菓、席之蓆，凡此皆偏旁又贅者。

　　如宜宓富寇皆從宀，而俗書爲宜冥富冠而從冖；
沖況梁涼皆從水，而從冫，冫音冰字；廚廳皆從广
而俗皆從厂；博協皆從十，俗皆從忄。

　　又有偏旁相錯者，如舀臽相似，取耴相亂，束
棗不分，奕弈無辨，佳佳通用，月月同體，凡此皆
俗書之誤也。

　　近時以來，用字之的，當以監本省韵及《廣
韵》、《玉篇》、《集韵》爲正，韵非不正也，其如鎪
木匠士何。皆不可考訂。況《廣韵》雖分明注爲俗
字，而《集韵》所載，則眞俗相亂耳。學者可不
審諸。

其實中國文字既以形體爲主，譌變是免不了的，由商、周古
文字到小篆，由小篆到隸書，由隸書到正書，新文字總就是
舊文字的簡俗字。明以後刻書，俗字漸少，但在詞曲小説裏
還保存着，下層社會也還流行着，一直到現在。

俗字中有一部分是帶地方性的，范成大《桂海虞衡志》：

　　邊遠俗陋，牒訴券約，專用土俗書，桂林諸邑
皆然。今姑記臨桂數字，雖甚鄙野而偏傍亦有依附。
𡘌（音矮）不長也。穩（音穩）坐於門中穩也。
𡘜（亦音穩）大坐，亦穩也。𡥀（音嫋）小兒也。

奀（音動）人瘦弱也。歪（音終）人亡絕也。
夯（音臘）不能舉足也。妖（音大）女大及姊也。
岊（音勘）山石之巖窟也。閂（音櫃）門橫關也。
他不能悉記。余閱訟牒二年習見之。

以及近來上海話裏的嫑、孬、嘥等，北方話裏的甭，也都是
合文。還有像浙江的嚻字，廣東的咁字、冇字，北方的逛字，
陝西的燹字（火炒豆爲进），吉字（土開口爲縫）之類。甩字
北方人讀如捽，紹興人讀刮患切，有些南方人讀若滑；氽字
北方人說是入水，讀如川（例如川里几片），南方人說是人在
水上，讀如吞上聲（如油氽包子）。光緒時范寅作《越諺》，
所用的方言字像哅趄之類有幾百個。他有《論雅俗字》一文：

> ……天地生人物，人物生名義，名義生字，無
> 俗之非雅，無雅不自俗也。……頭韻造字從俗者，
> 莫聰於倉頡，次史籀，次李斯，次漢章帝。厥後變
> 質改形，由草而行，而楷，代有變更，即代有增
> 益。……是故結繩不治，易以書契，書契不止，加
> 以花押，花押不能，代以箕斗，所以決嫌疑，別同
> 異，明是非者，於是乎在，人物名義，不可以假借
> 混淆也，即俗字之所由起也。

> 今之士人，字分雅俗，意謂前用者雅，近體者
> 俗，俗雖確切，棄之，雅縱浮泛，僭之。夫士人下
> 筆，豈可苟哉，然雅俗之分，在吐屬不在文字耳。

今之雅，古之俗也，今之俗，後之雅也，與其雅而不達事情，孰若俗而洞中肯綮乎？

且夫期期起於周昌，艾艾由乎鄧氏；九日不題糕，當時已誚劉郎；六經雖無茶，不能已於唐代；有慶曑而曑字興，有武曌而曌字作；衛俗聲也，入《爾雅》；咦魋俗音也，載《說文》；嘆唉楚語也，存《史記》；凡此者皆由人由物，由名由義，不可僭以雅字而不達事情者也，何能避字之俗而不書。

竊謂古無此說，故無此字可也，今有此說，若書他字不可也。如桌椅之名見始唐宋，而《通雅》必引黃朝英言椅木名，棹與櫂通，但當用卓倚，然則卓亦與卓立混，倚亦與偏倚通矣。善哉《正字通》收入桌字，而《廣韻》注與卓同者漏矣。椅字則見陸龜蒙詩、《程子語錄》、張子《理窟》、《朱子家禮》……必斥為不雅，豈不侫歟？又如凳字惟《傳燈錄》用之，論者必執《王獻之傳》《晉陽秋》舊史作橙，《涪翁雜說》謂凳為橙非。可知天地生人物，人物生名義，名義生字，不能因其俗造而抹殺也。

又如嘉慶廿五年，民間忽患癍痧症，為古方所無，時醫遂造癍痧書，今皆通行。無怪字典之定自康熙時者亦無癍痧二字，雖甚愛雅憎俗，何能使世無此症，廢此字乎？如必生今反古，勢必字書數萬文義，盡從埽去，歸本於宓犧一畫，始快樸雅，而萬世宇宙事物，聖賢道理，憑何傳信乎？

我們承認他這個文字不應該分雅俗的說法，但如果盡量地替方言找新字，我們的文字不知要增加多少倍，而且事過境遷以後，有許多字一定不能認識，也不是文字進化所應有的現象。

范寅的書最後一條是"的了麼呢"：

> 越多業幕友，初學必先知此四字，蓋敘刑案口供，如曰：小的、你的、我的、打殺了、就是了等語口吻，動筆時照此聲敘無誤，謂之入調。

這種從宋以來的語體文，到清末漸漸流行起來，范寅作《越諺》是光緒四年（西元一八七八），更隔三十多年後，就有陳獨秀胡適之先生等的語體文運動，"的了嗎呢"，成了一般人必學的了。

同時，甲午（西元一八九四）以後，掀起了漢字改革的運動，最先是字母運動，演化到注音漢字，後來又有國語羅馬字跟拉丁化新文字等拼音文字，但在這種運動同時，有些人又想起簡俗字。錢玄同在民國十一年（西元一九二二）國語統一籌備會裏曾經提出過減省現行漢字的筆畫案，主張簡體字。到二十三年（西元一九三四）有些人提倡大眾語運動，引起了手頭字運動。第二年教育部也曾頒行過一次簡體字，三百二十四個。

所以叫做手頭字，是因爲有些俗字（如果爲菓）是加了筆畫的，其實就是早已通行而不登於大雅之堂的簡俗字，現在重新找出來，鑄成鉛字，仿佛復活了宋、元坊刻，戲曲小説，雖也新奇好玩，甚至還有人主張用訛別字，等於主張廢去筷子，用手抓飯吃，總算不得一種改革。

　　至於簡體字，跟簡俗字不同，因爲這往往有經過改造的，它們的目的是在減省筆畫。這種字，如其數目不多，倒是可以推行的，雖然不見得能畫一。但如果要字字而簡之，一個一個地減省，改造，在原有的一大堆記號外，加上一大套新的記號，往往連創造者自己也會忘記了怎麼寫的，而要人家去記憶這些額外的記號，終究是行不通的。

　　有些人看出漢字的毛病，不在筆畫多而在字數多，所以又有一種基本漢字的運動。這和字的形體是無關的。但是中國文字很難制定它需用多少的範圍。雖則我們通用的字，不過五六千，但如我們省之又省，只剩一兩千，是無法應付的。如其不用媳字而説兒子的太太，確是不能適應這一個語言。我們認爲在漢字裏可以找出若干基本文字，也可以盡量地簡化它們的寫法，但總還需要音符文字來作幫助。

三一　新文字——注音字・拼音字・新形聲字・新漢字

　　從商朝以來，中國文字就已不是圖畫文字，可也不是純粹的聲符文字。它們總是一小部分的圖畫文字，後來逐漸簡化成爲若干符號，加上無限的形聲文字，而所謂形聲，在原始時是一種注音的文字。

每一個注音文字，依原則説，應該跟它所標的音符同音，但是有時這一個字本就不能貼切地代表這個語言，有時這個語言經過一個長的時期或方言等的影響，音素上起了變化，有時經過種種的偶然的錯誤，結果，中國文字的聲母，常常不能代表讀音。這種現象，時代愈久愈顯著，所以，到了近代，大家都覺得漢字不容易識，而主張要改革。

遠在明代，就有利瑪竇、金尼閣等所做的羅馬字拼音字母，這本是爲他們自己用的。隔了二百多年後，有些外國教士用羅馬字來拼方言，如蘇白、上海白、寧波白、廈門白等，用以翻譯《聖經》。一八六七年（同治六年）英人威德(T. F. Wade)用羅馬字母拼音著《語言自邇集》，就是現在常用的威式拼法。（威氏本有送氣符號，標四聲的數字，現在都略去，成爲不完備的威式。）

中國人自己創造字母，是在甲午以後了，有些人是用速記方式的，有些是屬於拼音字母的，後者有王照的官話字母跟勞乃宣的簡字。從清末到民國二年（一九一三），纔算由專家的研究創造，進而爲政府集議，爭論，採用，制定了一套ㄅㄆ等的字母，到民國七年（一九一八）由教育部公布。

這套字母最先叫做注音字母，後來定爲國音字母第一式，又後來索性改稱爲注音符號，民國二十四年以後纔提倡鑄造把注音符號釘死在漢字旁邊的鉛字，稱爲注音漢字。

有人批評注音字母是退步的，因爲勞乃宣的簡字是用作民衆教育的一種新文字，而注音字母只是漢字旁邊的附屬物，已經認識漢字的人就不肯學習，沒有認識漢字的人雖則可以學習，等到認識了一些漢字以後，就得魚忘筌，把這些字母都送給爪哇國去了。我們常看見許多小學生學會了這一套字母，到了中學時已完全忘却。主要原因是這套字母並不是日常用的，在一般的書籍跟報紙上是不用的，只用作幫助識字的敲門磚，好像科舉時代小學生念三（字經）百（家姓）千（字文），等到考上秀才舉人以後，誰還注意這些開蒙的書呢？由注音字母改稱爲注音符號，名實是更相符了，但是顧名思義，就可以知道這不是一種文字，而只是一種工具，工具是可學可不學的（例如速記、打字，不是每人都需要的，四角號碼、五筆檢字，以至庋擶法，大多數人都沒有學過），那就無怪推行了三四十年，沒有很大的效果。

　　民國十一年以後，有些學者又提倡改革漢字，到民國十五年通過了一套國語羅馬字，十七年（一九二八）用國音字母第二式的名義來公布頒行。

　　從前的羅馬字拼音，是爲外國人用的，也有是爲在中國宣傳宗教用，現在却要來替代中國的文字。不過在表面上也還是一套符號，可是是很難學的符號，尤其是母音的變化，太複雜，在知識分子裏也不容易學會，何況平民。所以這種國語羅馬字儘管公布了多少年，一般人還是用舊式的拼音，就是外交部、交通部用譯音也沒有依過這個標準。

民國二十三年跟着大衆語運動而來的拉丁化新文字，是一種簡單的粗糙的拼音文字，沒有四聲，所以應用時很不方便（孔子可以讀成空子），他們雖然用來寫方言，却不能和任何一種方言符合，雖然曾經熱鬧過一陣，現在似乎已無人提起了。

國語羅馬字跟拉丁化新文字，都是拼音文字，雖然所用的字母，是很現成的洋玩意兒，可是只能用來寫一些通俗的小文件。在整個政治環境沒有改變，整個中國文化教育還只用漢字，整個中國的語詞還不能整理彙集，成爲不刊之典，整個中國語言還不能適應這種新文字的時候，這種新文字是沒有法子長成的。

注音漢字却是道地的，可是十分蠢笨的，舊調重彈的注音文字。由此，可見一般人的保守性。在我們覺得中國文字太難認的時候，就主張文字是應該改革的，可是到了實際要改革時，却畏葸了，退縮了。我們如其想一想中國文字的聲符，從來就不固定，如：

聚＝炒　廟＝庿　證＝証　據＝据　機＝机
燈＝灯　襖＝袄　灑＝洒　作＝做　糭＝粽
　　懼＝俱　橘＝桔　臟＝脏　繡＝綉　檳＝梹
藥＝葯　襪＝袜　勳＝勛　價＝价　掠＝撩

我們爲什麼不在改革文字時，因利乘便，把舊的不容易認識的聲符換掉了呢？爲什麼不改革文字而只想統一讀音，不創造新文字而只做認識文字的一種工具，注音符號呢？

　　有幾位朋友想創造新形聲文字，把舊的聲符廢掉，換上另一個聲韵密合的漢字作聲符，例如涼字可以改爲浪，這種方法固然是最自然的，但是不容易實行。第一，有些字沒有適當的同音字。第二，容易跟舊形聲字混淆，例如涼字改作浪，雖可以避免了讀成京聲，却又會讀成原來浪字來宕切的聲音了。第三，由於方言的不同，這種新聲符的讀法，很容易發生歧異，就又和舊形聲字的弊病一樣了。

　　注音漢字所注的聲音，既然是拼音的，當然是正確的，我們如其覺得哪一個符號或字母有一些不正確，是隨時可以改正的。它幾乎具備了所有漢字的優點，除了太笨以外，可是漢字不容易認識的短處完全改革過來了。但是注音漢字至今沒有人敢認爲是一種文字。它們依舊只有注音符號的功用，只用在教小學生，只能應少數人的需要，只能刊行些小型刊物。

　　因爲注音漢字，不是新漢字。因爲注音漢字太笨，一個字往往有了兩種聲符，舊的聲符，有些早已無用了，該廢而不敢廢，新的聲符，却只當作符號，作旁注，在印刷時已是一個笨物，書寫，除了少數人外，簡直是不可能的。還有幾百個最簡單的文字，也是最通用的文字，本只是記號，不是形聲，也不大有讀錯的危險，如“一二三四”跟“之乎者也”之類，在注音漢字裏，却非注上一個音不可，豈不是一個無用的累贅。

　　我在寫《古文字學導論》時，曾經提出過一個新形聲字的草案，主張保留漢字的形式，改革漢字的聲符，用拼音方式替代舊聲符，這十幾年來，曾看見過很多的類似的計畫。但我的計畫，後來修正了一部分，主要的是保留一部分意符字，作爲基本文字，都是最通用最容易認識的字，不必加上聲符。這樣，我們可以只改動形聲文字，把舊聲符改爲新的拼音的聲符。中國文字本來已都是形聲字，可作基本字的意符字不過幾百個，所以依舊是容易學習的。但是基本字的用途最廣，在普通書籍裏要占到百分之六七十，所以應用新字的地方不太多，即使不明白這一個新字，也可以從上下文推測而得。這樣，我們可以盡量地保存舊的，但是已經改革了我們所要改革的，不容易認識的文字。我現在把這種文字稱爲新漢字。

在黎錦熙先生計劃注音漢字時，我曾經跟他説笑話，您如肯把注音漢字中間用不着的聲符抽掉作廢，豈不就是我的新文字，他是贊成這個話的，不過希望注音漢字可作一個過渡的橋梁。但是錢玄同先生並不以爲然，他似乎是各走極端的主張，要是索性讓漢字糟下去，完全保守；要是完全不要漢字，徹底推翻，另起爐竈，因爲他是國語羅馬字的信徒。

現在，過了十幾年了，雖則和錢先生懷同樣信念的人還是很多，但是我總是覺得推翻漢字不如改革漢字。雖然，這事情是很艱難的，哪些字是基本字，哪些字是形聲字，以及字體的簡化，字形的選擇，以及跟這個計劃配合的新分類法，新的字典編輯法，在在需要縝密的研究。我們也明知道，合理的未必能行得通，通行的未必合理。但是，錢先生墓草久宿，黎先生也垂垂將老，這種屋上架屋，牀上叠牀的注音漢字，累贅不適於用的注音符號，我們能坐視它延長下去，永遠是過渡時期嗎？合理的改革，正是我們的責任。